반 고흐와
고갱의
유토피아

일러두기

_ 이 책은 네이버 '인상파 아틀리에'에 연재했던 칼럼을 뼈대 삼아 다듬고 펼쳐 써서 펴낸 것입니다.
_ 단행본·신문·잡지는『 』, 미술작품은「 」, 전시 제목은〈 〉로 묶어 표기했습니다.
_ 인명·지명 등의 외래어 표기는 국립국어원에서 규정한 외래어 표기법을 따랐습니다.
_ 본문에 인용한 반 고흐의 편지글은『세상에서 가장 아름다운 편지』(빈센트 반 고흐 지음, 박홍규 엮고
  옮김, 2009년, 아트북스)에서 발췌한 것입니다.

반 고흐와 고갱의 유토피아

이택광
지음

인문학자 이택광,
이상을 찾아 떠난
두 화가의 빛과 어둠을
말하다

아트북스

1886년 4월 25일 정신분석학의 창시자 지그문트 프로이트는 오스트리아 수도 빈에 최초로 자신의 상담소를 개업했다. 정신의학과 다른 관점에서 인간의 마음을 다루려는 시도가 시작된 것이다. 프로이트가 무의식에 대한 새로운 접근을 본격적으로 실천하고자 했던 그 무렵에 눈의 망막이 아니라 마음의 눈으로 사물을 그리고자 했던 한 명의 화가가 예고도 없이 파리로 찾아온다. 그 화가가 바로 빈센트 반 고흐이다.

　물론 처음부터 반 고흐가 마음의 눈으로 그림을 그리겠다는 결심을 했던 것은 아니었다. 그의 마음은 고향 네덜란드의 겨울 하늘처럼 우중충했다. 어린 시절 아버지와 갈등을 겪으면서 자리 잡은 우울한 성격은 성직자의 길로 나서려던 꿈마저 좌절시켰다. 종교조차도 그를 품어주지 못했다. 외로운 그가 선택할 수 있었던 길은 그림밖에 없었다.

늦은 나이에 화가의 길로 들어선 반 고흐는 초창기에 정직한 그림을 그리고자 했다. 노동자와 농민의 모습을 화폭에 담고자 했던 그에게 깊은 영향을 끼친 화가는 바르비종파에 속하는 장 프랑수아 밀레였다. 밀레에 대한 오마주가 후기작에까지 등장할 정도로 그 당시에 받은 영향은 오래 지속되었다. 주로 노동자와 농민을 화폭에 담은 초기작에서는 밀레의 그림자가 느껴진다. 이런 반 고흐를 일순간에 바꿔놓은 것이 바로 파리였다. 반 고흐는 파리에서 인상파를 만나 새로운 미학에 눈을 뜨게 되었다. 그러나 반 고흐가 파리에 도착해서 만난 그 인상파는 더 이상 혈기왕성하게 기성 화단을 비판하고 살롱의 권위에 도전하는 젊은 화가 집단이 아니었다. 오히려 인상파는 기성 화단에 뿌리내린, 도전의 대상이었다. 이런 인상파의 미학을 거부하고 새로운 방향으로 혁신하는 실험에 앞장섰던 화가가 바로 폴 고갱이었다. 반 고흐만을 천재의 표상으로 떠받드는 분위기에서 고갱의 존재는 쉽게 과소평가되는 경향이 있지만, 내 생각에 고갱은 초창기 밀레 못지않게 반 고흐의 작품 세계에 영향을 준 화가다. 고갱이 없었다면 우리가 알고 있는 그 반 고흐는 없었다는 뜻이다. 이 책을 쓰고자 마음먹은 것은 이 사실을 강조하고 싶었기 때문이다.

반 고흐와 고갱이 평생토록 우정을 나눈 것은 아니었다. 프랑스 남부 지방의 아를이라는 작은 도시에서 9주 동안 같이 기거했을 뿐이다. 게다가 그 짧은 기간 동안 이루어진 동고동락도 파국으로 막을 내렸다. 그렇지만 아를 시절이야말로 오늘날 회자되고 있는 반 고흐의 걸작들을 만들어낸 원천이었다. 반 고흐가 아를에 간 까닭은 화가 공동체를 꾸리기 위함이었다. 그가 화가 공동체를 함께 만들어갈 동지로 선택한 화가가 고갱이었던 것이다. 이렇게 1887년 파리에서 처음 만난 두 화가는 관계의 극단을 보여주며 파국을 맞는다.

그러나 겉으로 보기에 반 고흐와 고갱은 인상파의 미학을 극복할 대안을 함께 고민하면서 의기투합한 것 같았다. 반 고흐가 마련한 노란 집에서 함께 기거할 무렵에 이들을 사로잡은 것은 미학적 혁신이라는 공동 대의였다. 두 화가가 동일한 화제를 선택해서 각자의 개성이 담긴 그림을 그린 것은 이 때문이었다. 아를 시절에 그려진 「밤의 카페」는 같은 화제를 이들이 어떻게 다르게 그렸는지 잘 보여주는 사례라고 할 수 있겠다.

이 카페는 반 고흐와 고갱이 식사를 해결하던 곳이기도 했다. 지금은 '반 고흐 카페'라는 명칭으로 바뀌어서 관광 명소가 되었지만, 이들이 아를에서 함께 살 당시에는 아를의 주민들이 찾아들던 평범한 카페였다. 이른 아침에 아를에 도착한 고갱이 노란 집으로 향하기 전에 가장 먼저 들른 곳도 이 카페였다. 이 카페 주인은 '지누'라는 사람이었는데, 이 주인의 부인 또한 고갱과 반 고흐가 즐겨 그렸던 모델이었다. 지누 부인은 두 화가의 그림에서 '아를의 여인'을 대표하는 인물로 등장한다.

'아를의 여인'이라는 말은 당시 파리의 화가들에게 '시골 아낙'을 의미하는 중요한 기표였다. 시골 아낙에서 느낄 수 있는 순박함을 표현하는 것이 아를의 여인이라고 할 수 있다. 인상파 화가 드가가 아를의 여인에 대해 이야기했을 때, 그 의미는 원시적 생명력을 발산하는 존재라는 뜻이기도 했다. 아를의 여인을 즐겨 그린 것에서 알 수 있듯이, 반 고흐와 고갱은 아를에서 파리의 미술계와 다른 무언가를 발견하고자 했던 것이다.

고갱은 「밤의 카페」에서 개인의 고독한 존재감을 표현하고자 했다. 아를의 여인을 상징하는 지누 부인이 전경을 차지하고 있지만, 뒤쪽에 보이는 담배 연기와 테이블 위에 엎드려 있는 인물이 이런 느낌을 강화시킨다. 생활고와 불안한 미래에 쫓겨 아를로 올 수밖에 없었던 불안한 고갱의 심정을 잘 드러낸 작품이라고 할 수 있다. 고갱의 그림과 비교해서 반 고흐의 「밤의 카페」는 훨씬 더 강렬한 느낌을 자아낸다. 반 고흐의 그림에서 그림을 구성하는 시선은 '취객'의 것처럼 보인다. 카페에서 술을 마시고 취한 화가 자신이 바라본 카페의 풍경이 고스란히 그려져 있다.

두 그림 모두 세상에 제대로 적응하지 못하는 예술가의 정서를 고독하게 드러내고 있지만, 고갱보다 반 고흐가 더욱 극적으로 내면세계를 보여준다고 하겠다. 고갱이 계획적이고 자기방어적이라면 반 고흐는 흔들리는 자아를 아무런 가감 없이 드러내는 것처럼 보인다. 고갱이 면의 분할과 색조의 조절을 통해 정서를 전달한다면, 반 고흐의 그림은 내면에 들끓는 열정과 혼란을 그대로 보여주고 있는 것이다. 고갱이 상징적이라면 반 고흐는 다분히 감정적이다. 두 화가는 동상이몽을 했던 것 같다.

반 고흐에게 아를은 파리의 속물주의를 벗어날 원시의 공간이었겠지만, 일찍이 세계를 돌아다녀봤던 고갱에게 그곳은 또 다른 프랑스였을 뿐이었다. 고갱이 타이티 섬이라는 더 원시적인 장소를 찾아 떠날 수밖에 없었던 이유가 반 고흐와 불러일으킨 불화에서 이미 예견되고 있었던 것이다. 반 고흐가 생각했던 것과 달리, 고갱은 처음부터 반 고흐 형제를 탐탁지 않게 생각했다. 반 고흐는 희망에 들떠 있었지만, 고갱은 냉정했다. 그러나 고갱의 증언에 따르면 가장 냉정했던 이는 고흐의 동생 테오였던 것 같다.

친구에게 보내는 편지에서 고갱은 테오를 일컬어 "냉정한 네덜란드인"이라고 지칭하고 있다. 편지의 내용은 테오가 자신의 작품에 호감을 보이고 있지만, 정확하게 아를에서 머무는 동안 지급할 체류비에 대한 합의를 하고 있지 않다는 불평이었다. 사실 고갱의 입장에서 반 고흐와 함께 아를에 머물면서 작업을 한다면 당장 겪고 있던 경제적 궁핍에서 벗어날 수는 있겠지만, 그 대가로 자신의 작품 대부분을 테오에게 보내야했다. 말하자면 전속 계약이었던 셈이다. 고갱은 이런 계약 조건을 쉽게 받아들이기 어려웠다. 자기 작품에 대한 욕심이 많았던 고갱은 일찍이 자기의 스승이기도 한 피사로에게 그림 값 때문에 인색하게 굴기도 했다. 자신이 있는 루앙에 와서 작업을 하겠다는 피사로에게 자기 그림 값이 떨어질 수 있다고 우려를 표명한 일화는 유명하다. 피사로 같은 중견 화가가 루앙에 오면 자신에게 불리할 것이라고 봤던 것이다. 고갱은 집요하게 자신의 예술을 추구하려는 욕심을 가진 만큼 계산적인 화가였다. 그러나 반 고흐는 생활력이라곤 거의 없는, 그림밖에 모르는 위인이었다.

이런 성격의 차이에서 짐작할 수 있듯이, 반 고흐와 고갱은 쉽게 화합하기 어려운 사이였다. 고갱은 기본적으로 아를 생활을 '계약'이라고 파악했지만, 반 고흐의 생각은 달랐다. 그는 고갱과 함께 열어나갈 새로운 화가 공동체에 대한 희망에 들떠 있었다. 처음부터 잘못 꿰어진 단추였을까. 동상이몽에서 출발한 아를 생활에서 두 화가의 갈등을 짐작하는 것은 어렵지 않다. 끊임없는 긴장의 연속이었던 둘의 관계는 마침내 파국을 맞이한다. 크리스마스를 며칠 앞둔 문제의 그날, 반 고흐는 아를을 떠나려는 고갱을 붙잡겠다는 절박한 심정에 그만 통제력을 잃고 만다. 반 고흐는 만취한 상태에서 자학에 빠져 귓불을 자른다. 여전히 의견은 분분하지만, 아직까지도 왜 반 고흐가 이런 행동을 했는지 제대로 밝혀진 것은 없다. 이 사건을 재구성할 수 있는 유일한 증거가 오직 고갱 자신의 진술밖에 없기 때문이다.

나란히 아를의 카페와 여인을 그린 고갱과 반 고흐는 자신들이 꿈꿨던 우정의 공동체를 제대로 꾸리지 못했다. 그러나 이들은 아를에 잠시나마 함께 있으면서 오늘날까지 길이 남을 훌륭한 작품들을 많이 남겼다. 특히 반 고흐는 「해바라기」 연작을 비롯한 걸작들을 이 시기에 집중적으로 그렸다. 새로운 혁신의 순간이 불꽃처럼 일어났다가 사라진 것이다. 마치 부싯돌처럼 동일한 대상을 향한 이들의 시선은 서로 부딪힐 수밖에 없었지만, 그렇다고 아를 생활이 무의미한 것만은 아니었다.

사실 반 고흐와 고갱의 아를 생활은 무모한 일이었다. 1875년에서 93년까지 프랑스는 심각한 경제난에 허덕였다. 하필이면 화가 공동체를 꾸리겠다는 그 시기는 먹고살기도 힘든 때였던 것이다. 조건은 불리했고 반 고흐와 고갱이라는 결합도 그리 신통하지 않았다. 그러나 이 부조리한 시간이 잉태한 예술은 신화 이전에 존재했던 반 고흐의 진실을 드러내 보이는 것 같다. 고갱은 그렇게 반 고흐의 진실을 말해주는 하나의 증거인지도 모른다. 고갱이 없었다면 반 고흐도 없었다. 반 고흐는 고갱에게 버리고 싶은 자신의 현재였는지도 모른다.

피도 눈물도 없는 네덜란드인이라고 테오를 욕하면서도, 고갱은 반 고흐의 요청을 수락하고 아를에 갈 수밖에 없었다. 이 부정할 수 없는 현실 속에서 고갱의 그림은 반 고흐의 그림과 하나가 된다. 파국으로 끝났지만, 이 시기를 돌이켜보는 것은 반 고흐의 신화에 가려 잊힌 고갱의 의미를 되새기는 길이기도 할 것이다.

이 책에서 나는 반 고흐를 통해 고갱을 보고, 고갱을 통해 반 고흐를 보고자 한다. 비록 짧은 만남이었지만, 고갱 없는 반 고흐는 존재할 수 없었을 것이라는 가설에서 출발, 아를 시절에 탄생한 두 화가의 작품들을 비교해보는 것이 목적이다. 반 고흐는 삶을 마감하기 얼마 전에 고갱에게 보낸 편지에서 의사 가셰의 초상을 고갱의 「올리브 밭의 그리스도」에 빗대면서 "사람들의 이해를 구하기 위한 것이 아니라"는 고갱의 말을 상기하고 있다. 반 고흐가 가셰의 초상을 통해 그려내고자 했던 "우리 시대의 슬픈 표정"은 고갱의 자전적 작품 「올리브 밭의 그리스도」에 대한 오마주였던 것이다. 세상에서 이해 받지 못하는 고독한 예술가의 초상이 바로 고갱이었고, 반 고흐는 이런 고갱을 마음속 깊이 존경하고 사랑했다.

사는 동안 세상으로부터 이해 받지 못했던 두 화가가 자신의 예술을 지속하기 위해 어떻게 고군분투했는지 이제부터 알아볼 것이다. 인상파 화가들이 완성한 모더니즘의 바깥으로 나아가고자 했던 두 화가가 살아간 삶의 궤적을 하나씩 살펴보도록 하자.

　　출간에 동의해준 아트북스 정민영 대표에게 감사한다. 거친 원고를 풍부하고 깔끔하게 다듬을 수 있도록 조언을 아끼지 않았던 손희경 편집장과 박주희 편집자에게도 고마움을 전한다. 반 고흐의 말처럼, "종교는 사라지지만 신은 남는다". 예술가는 사라지지만 예술도 그렇게 남아 있을 것이다.

2014년 초
이택광

차례

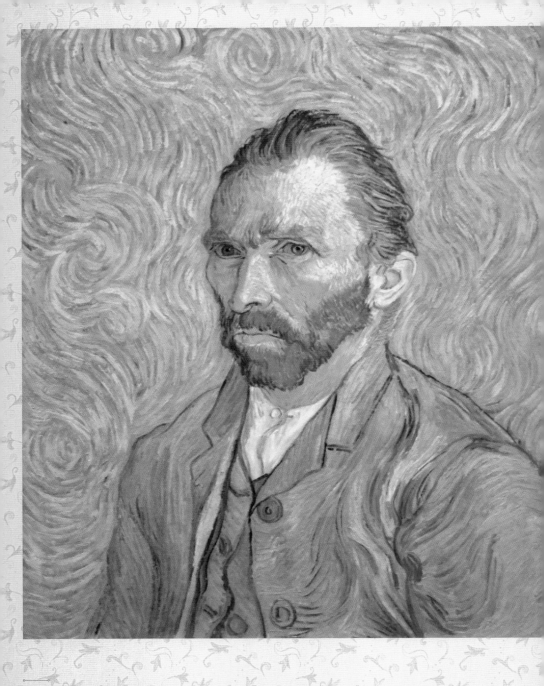

자화상
반 고흐, 캔버스에 유채, 65×54cm, 1889, 오르세 미술관

그림에 관심을 가지고 파리를 방문하는 이들이라면 으레 그렇듯, 처음 파리 오르세 미술관을 방문한 내가 맨 처음 찾아본 것도 반 고흐의 자화상이었다. 반 고흐는 여러 점의 자화상을 남겼지만, 그중에서도 오르세 미술관에 있는 것이 단연 압권이다. 웅성거리며 모여 있는 관람객 너머로, 지중해의 푸른빛을 닮은 그의 자화상이 떠 있었다. 반 고흐의 자화상은 벽에 걸려 있는 것이 아니라 허공에서 갑자기 나타난 것처럼 보였다.

오르세에 있는 반 고흐의 자화상은 1889년에 그려진 것이다. 반 고흐가 1890년에 세상을 떠났으니, 그가 죽기 일 년 전에 태어난 자화상이라 할 수 있다. 반 고흐는 거울을 보면서 거기에 비친 자신의 모습을 화폭에 옮겼기 때문에 실제 모습은 반대로 되어 있다고 보면 된다. 다시 말해 그림 속 고흐는 왼쪽을 보고 있지만, 그림을 그리고 있는 고흐는 오른쪽을 보면서 그림을 그렸다는 말이다. 대수롭지 않게 보이는 이 사실이 반 고흐의 작품 세계를 상징적으로 말해주는 것처럼 보인다. 반 고흐에게 현실의 자아는 자신의 자화상에 등장하는 것처럼 언제나 뒤바뀌어 있었던 것인지도 모른다.

배경을 이루고 있는 꿈틀거리는 힘의 표현은 이 당시에 끊임없이 갈등의 상태에 휩싸여 있던 반 고흐의 내면을 잘 드러내고 있는 듯하다. 그의 일생은 이렇게 뒤엉키고 꼬여 있었다. 그는 자의반 타의반 숱하게 장소를 옮겨 다녔고, 이런 이주移住의 계기들이 그의 작품 세계를 구성했다고 해도 과언이 아닐 것이다. 그림을 그리기 전, 목사가 되기 위해 준비 중이던 반 고흐는 너무도 지루한 설교를 몇 시간이고 늘어놓아서 신도들을 질리게 했다. 숨이 막힐 정도로 빽빽하게 작은 글씨로 주석을 달아놓은 그의 설교 노트가 지금도 남아 있는데, 이 글씨들만 봐도 그 당시 반 고흐의 설교를 꾹 참고 들었을 순박한 신도들의 모습이 떠올라서 얼굴에 웃음이 피어난다.

그러나 반 고흐의 삶은 진지함으로만 설명하기 어려운 측면을 숨기고 있다. 강박에 가까운 자기 학대는 반 고흐의 전기 작가들 사이에서 유명하다. 자신이 정한 규칙을 지키지 못했을 경우, 반 고흐는 스스로에게 추운 겨울 하루 종일 바깥에 서 있도록 하는 형벌을 내리곤 했다. 일종의 자기 처벌을 하는 것이다. 생각보다 반 고흐는 완벽주의자였던 셈이다. 처음에 그는 광부들을 위한 목사가 되려 했지만, 어려운 일이었다. 목사가 되기에 그의 영혼은 너무도 불안했다. 그림은 불안한 영혼을 붙잡기 위해

반 고흐, 「성경이 있는 정물화」, 캔버스에 유채, 65×78cm, 1885, 암스테르담 반 고흐 미술관

그가 마지막으로 택한 정박지였다.

　1886년 늦은 나이에 파리로 오면서 반 고흐는 마침내 인상파를 만나고, 새로운 빛의 세계에 눈을 뜨게 된다. 고갱은 이런 반 고흐와 상당히 대조적인 성격을 가진 화가였다. 고갱은 반 고흐와 달리 일찌감치 인상파 화가 피사로를 사사하며 화가의 길을 걷고 있었다. 그러나 그의 그림은 신통치 않은 대접을 받았을 뿐이다. 주식중개인으로 성공했던 고갱이 화가라는 풍찬노숙의 길로 접어든 것도 흥미로운 일이다. 많은 사람들은 반 고흐에 쏠린 관심 때문에 고갱에게 별반 주목하지 않는 경향이 있는데, 알고 보면 고갱의 이야기도 반 고흐 못지않게 극적이라고 할 수 있다. 둘 다 그림을 그리지 않으면 견딜 수 없는 욕망이 내면에서 꿈틀거렸던 것이다.

　고갱은 반 고흐에 대해 좋은 이야기를 남겼다고 보기 어렵다. 고갱의 진술에 따르면 반 고흐는 정신적으로 문제가 있는 화가였을 뿐이다. 고갱에게 사죄하기 위해 자신의 귓불을 잘랐다는 반 고흐의 일화는 삼척동자도 알고 있는 사연이다. 그러나 우리가 알고 있는 것만큼 그렇게 반 고흐가 막가는 인생을 산 것은 아니다. 그는 자본주의 사회를 살아가기에 너무도 현실감 없고 순진한 세계관을 갖고 있던 화가이긴 했다. 그러나 그는 매사에 진지했고 가난한 사람을 돕고자 혼신의 힘을 다했다. 물론 이런 노력은 당시 사람들에게 그다지 인정받지 못했다. 그만큼 반 고흐는 소통에 능한 사람이 아니었다.

　1886년 파리로 오기 전에 벨기에에서 광부를 상대로 목회를 하고 있던 반 고흐는 더 이상 그 지역 주민과 교감 없는 생활을 지속하기 어려울 정도로 지쳐 있었다. 빈센트 반 고흐가 파리로 온 경위는 동생 테오 때문이었다. 그는 동생이 화상으로 정착한 파리에서 새 삶을 시작하고자 했다. 파리로 건너 온 반 고흐는 인상파의 거장 클로드 모네와 점묘파 화가들을 만난 뒤에 오늘날 우리가 알고 있는 숱한 그림들을 죽기 전까지 남겼다.

반 고흐가 파리로 왔을 때, 고갱도 열심히 자신의 경력을 쌓아가고 있었다. 고갱은 네덜란드 '촌뜨기' 반 고흐와 달리 파리 사교계에 익숙한 '도시 남자'였다. 고갱은 약삭빠르면서 독선적인 면모를 가진 계산적인 성격이었다. 고갱은 파리를 사랑했지만, 파리는 그를 사랑하지 않았다. 인상파 화가들이 이미 기성 화단을 점령한 상황에서 고갱은 좀처럼 자신의 존재감을 드러낼 수 없었다. 1886년 인상파 전시회에 고갱은 열아홉 점이나 출품했지만, 쇠라에게 밀려서 그의 그림은 주목을 끌지 못했다. 쇠라에게 선수를 빼앗긴 고갱은 무척이나 씁쓸했을 것이다. 쇠라가 당시 파리를 대표하는 최신 문명의 성과를 대변했다면, 반대로 고갱은 소박하고 원시적인 무언가를 찾고자 했다. 말할 것도 없이 그것은 파리에 존재하지 않았다. 혁신의 바람이 저물어가던 파리의 분위기에 회의감을 느낀 고갱은 마침내 원시성이 살아 있는 타이티 섬으로 떠나게 된다.

그러나 고갱이 처음부터 타이티로 떠나려고 했던 것은 아니다. 고갱도 파리에서 성공하고 싶었을 것이다. 그는 우선 파리를 떠나 프랑스 북서부에 위치한 브르타뉴로 갔다. 그곳에서 고갱이 발견하고자 했던 것은 '새로운 양식'이었다. 이국의 풍경을 그린다는 것은 고갱에게 어울리지 않았다. 그는 그 차원을 넘어선 원시성 자체를 드러내고 싶어했다. 퐁타방에서

고갱, 「자화상」, 캔버스에 유채, 46×38cm, 1893~94, 오르세 미술관

단연 두각을 나타낸 고갱에게 문제는 먹고사는 것이었다. 그림은 좀처럼 팔리지 않았고, 학생들을 가르치는 수입으로 겨우 끼니를 연명했다.

　　반 고흐가 제안한 화가 공동체에 고갱이 솔깃했던 것도 이 때문이었다. 생계만 해결된다면, 프랑스에 계속 머물면서 작업을 하고 싶은 마음이 고갱에게도 있었던 셈이다. 이런 의미에서 반 고흐와 고갱의 만남은 그 자체로 흥미로운 사건이었다고 생각한다. 네덜란드에서 태어나 목사가 되려 했던 화가와 자본주의의 수도 파리에서 잘나가는 주식중개인의 경력을 버리고 그림을 시작한 화가가 서로 만날 수 있었다는 것. 이 조우의 순간이 말해주는 것은 무엇일까. 반 고흐와 고갱, 결국 파탄날 수밖에 없었던 두 화가들의 관계를 이들이 남겨놓은 그림들을 통해 돌아보는 것은 그래서 의미가 있을 것 같다.

감자 먹는 사람들
반 고흐, 캔버스에 유채, 82×114cm, 1885, 암스테르담 반 고흐 미술관

반 고흐, 고갱에게 매혹되다

1886년 3월 1일, 반 고흐는 예고 없이 파리로 찾아든다. 10년 전에 파리를 방문했던 반 고흐이지만, 나폴레옹 3세와 오스망의 재개발 정책으로 변해버린 도시는 너무 낯선 곳이었다. 파리는 과거처럼 중세의 흔적을 곳곳에 간직한 도시가 아니라, 요즘으로 치면 아파트와 쇼핑몰이 즐비한 번잡한 공간으로 변해 있었다. 반 고흐는 변화한 파리의 모습에 실망했다. 또한 자신을 파리로 이끈 인상파 화가들도 그를 위무해주지 못했다. 자기들 코가 석 자였던 인상파 화가들에게 반 고흐 같은 신참은 관심 밖이었다.

세잔은 반 고흐의 「감자 먹는 사람들」을 보고 "미치광이가 그린 그림"이라고 악평을 늘어놓았다. 이런 인상파 주역들의 비판에 충격을 받은 반 고흐는 화풍을 바꾸기 시작했다. 검고 칙칙한 색채 대신 환하고 밝은 파리풍의 색감을 담아내려고 했다. 그림의 대상도 바뀌었다. 주로 가난한 이들을 그렸던 그의 화제畵題가 이제 파리의 풍경으로 바뀌었다. 물론 여전히 그는 자연으로 돌아가자는 낭만주의 사상에 경도되어 있었고, 모네와 피사로의 영향으로 도시화에서 밀려난 농촌 풍경을 주로 그렸지만, 그래도 그의 화풍은 급격하게 인상주의의 세련성을 차용하려고 했다.

반 고흐가 본격적으로 활동을 시작했을 때, 파리는 시냐크나 쇠라로 대표되는 점묘파들의 도시였다. 이런 까닭에 그의 그림에서 점묘파의 영향을 읽어내는 것은 어려운 일이 아니다. 그러나 파리에서 그의 작품 활동은 순탄하지 않았다. 파리에서 성공하고자 고군분투했던 화상이자 동생이었던 테오와도 끊임없이 갈등했다. 믿고 의지하고자 했던 인상파 화가들도 뿔뿔이 흩어졌기에 함께 뜻을 나눌 동지를 만나기도 힘들었다. 압생트에 취하고 성병에 걸린 반 고흐의 몸은 만신창이가 되어갔다. 그러나 그는 그림 그리기를 멈추지 않았다.

1886년 11월에 반 고흐는 친구의 도움으로 〈거리의 화가들〉이라는 전시회를 열었다. 반 고흐는 이 전시회를 허름한 식당에서 해야 한다고 고집을 피웠고 끝내 관철시켰다. 전시회는 전혀 호응을 받지 못했지만, 그래도 피사로나 쇠라가 찾아와서 격려를 남겼다. 가장 의미 있는 것은 무엇보다도 반 고흐의 삶에 결정적인 영향을 미친 고갱이 전시회를 방문했다는 사실이다. 고갱은 '촌뜨기' 반 고흐의 마음을 단박에 사로잡은 '모던보이'였다. 당시 반 고흐는 서른네 살이고 고갱은 서른아홉이었다. 앞서 말했듯이 어수룩한 반 고흐에 비해 고갱은 이재에 밝은 '도시 남자'였다. 출신 배경과 성격이 서로 달랐지만, 둘의 그림은 비슷한 세계를 추구하고 있었다.

쇠라, 「그랑드 자트 섬의 일요일 오후」, 캔버스에 유채, 207.5×308.1cm, 1884~86, 시카고 아트 인스티튜트

반 고흐, 「르픽 거리에 있는 빈센트의 방에서 본 파리 풍경」, 캔버스에 유채, 46×38cm, 1887,
암스테르담 반 고흐 미술관

강렬한 색채가 뒤엉키는 주체할 수 없는 열정이 둘의 그림에서 쏟아져 나오고 있었던 것이다.

고흐는 어눌한 말투에 프랑스어마저 서툴렀던 자신에 비해 화려한 언술과 거침없는 말투를 구사하는 고갱에게 호감을 느꼈다. 시원시원한 고갱의 태도에 완전히 매료됐던 것이다. 고갱이 들려주는 다채로운 여행과 여성에 대한 무용담을 들으면서 반 고흐는 새로운 세계에 눈을 떴다. 자기 자신도 고갱처럼 살고 싶다는 생각이 들었던 것이다. 반 고흐는 고갱에 비해 초라했던 자신의 삶을 돌아보면서 후회하는 기록을 남기기도 했다. 고갱에게 얼마나 빠졌던지, 반 고흐는 화상인 자신의 동생 테오가 고갱쯤은 먹여 살릴 수 있다고 큰소리를 쳐댔다. 반신반의하면서도 고갱은 이런 반고흐의 생각에 동조했다. 비극이 예견된 반 고흐와 고갱의 동행은 이렇게 시작되었던 것이다.

반 고흐는 어떻게든 고갱과 함께 있고 싶어했다. 고갱이 동료와 다투고 파리를 떠나자 반 고흐도 아를로 거처를 옮겼다. 아를은 반 고흐에게 약인 동시에 독이었다. 파리 생활이 반 고흐에게 남긴 것은 피폐해진 건강 상태뿐이었다. 그에게는 무엇보다 요양이 필요했다. 그래서 반 고흐는 풍광 좋은 아를을 선택했던 것이다. 아를에 도착한 그는 고갱에게 편지를 보내서 테오가 보내주는 돈으로 당분간 둘이 함께 먹고살 수 있을 것이라는 뜻을 전했다. 물론 안타깝게도 이런 반 고흐의 호의는 후일 엄청난 재앙으로 바뀌어 그에게 돌아오고 만다. 그러나 처음 아를에 도착해서 방을 구하고 그림을 그리기 시작했을 무렵, 반 고흐는 자신에게 닥쳐올 미래의

반 고흐, 「고흐의 방, 첫 번째」, 캔버스에 유채, 72×90cm, 1888, 암스테르담 반 고흐 미술관

일을 까마득히 모르고 있었다. 고갱 역시 마찬가지였을 것이다.

1888년에 고갱이 반 고흐를 위해 그려준 자화상(68쪽)은 파탄에 이를 둘의 관계에 대한 어떤 암시도 보여주지 않는다. 고갱이 원했던 것은 반 고흐의 호의보다 테오의 관심이었다고 보는 것이 더 정확할 것이다. 고갱에게 필요했던 것은 사사건건 자신의 그림에 간섭하는 동료 화가였다기보다 자신의 그림을 구매해줄 화상이었다. 순진한 반 고흐는 이런 고갱의 이해관계를 전혀 이해하지 못했을 뿐이다.

유명한 「고흐의 방」은 두 사람이 어떤 환경에서 살았는지를 잘 보여준다. 그림에 보이는 왼쪽 문이 바로 고갱이 머물던 방이다. 오른쪽 문을 열면 계단이 있어서 오르내릴 수가 있었다. 이 방이 있던 곳은 '노란 집'이라고 불렸는데, 이는 고흐의 일생에서 행복과 고통을 동시에 준 집이기도 하다. 아를로 올 고갱을 위해서 반 고흐는 이 방에 걸 해바라기 그림을 잔뜩 그렸다. 마치 백마 탄 왕자를 기다리는 공주처럼 반 고흐는 고갱을 기다렸다. 그러나 고갱은 왕자라기보다 장사꾼이었고, 반 고흐가 이 사실을 깨달았을 때는 이미 너무 늦어버렸다.

살구나무 꽃이 핀 과수원
반 고흐, 캔버스에 유채, 64,5×80,5cm, 1888, 암스테르담 반 고흐 미술관

파리를 떠나서 전원생활을 누리고자 했던 반 고흐에게 아를은 이상적인 장소처럼 보였다. 지금도 그렇지만 남프랑스는 예술가의 감성에 가장 잘 맞는 곳이라고 할 수 있다. 강렬한 태양과 다채로운 풍경은 화가들의 시선을 사로잡기에 충분하다. 반 고흐는 1886년부터 남프랑스로 가겠다고 말했지만, 정작 그의 꿈이 실현된 것은 2년 후인 1888년이었다. 난데없이 파리에 나타나서 테오를 곤경에 빠트렸던 반 고흐는 번잡한 파리의 사교계를 떠나서 한적한 아를에 도착했다. 때는 2월이었고 때맞춰 쏟아진 폭설이 반 고흐의 이사를 힘겹게 했다. 아를에 도착한 반 고흐는 테오에게 편지를 써서 무사히 아를에 짐을 푼 사연을 전하기도 했다. 이 편지에서 반 고흐는 파리 생활에 적응하지 못했던 자신의 모습을 간접적으로 보여주고 있어서 흥미롭다.

편지에서 반 고흐는 "파리에서는 자신을 회복할 수 있고 균형을 취하여 원기를 회복할 수 있는 은둔처를 갖지 못하는 한, 거의 일하기 불가능해"라고 말했다. 파리 생활이 자신을 "아무런 희망도 없는 바보"로 만들었다는 푸념이 어렴풋이 묻어난다. 파리라는 대도시에 지친 반 고흐는 브레다나 몽스보다 작은 아를에서 안정을 찾는 것처럼 보였다. 그러나 봄이 오기 전까지 1888년의 겨울은 너무도 추웠고, 건강이 쇠약한 반 고흐는 바깥출입조차 하지 못하고 하숙집 안에서 내다보이는 풍경을 그려야 했다. 고통스러운 일상 속에서도 반 고흐는 화가 조합을 만들 궁리를 하면서 테오에게 자신의 구상을 전하기도 했다.

이런 반 고흐의 모습은 화가이면서 동시에 사회개혁가처럼 보이기도 한다. 그는 화가들의 협동조합에 대해 말하면서 "화가들이 협동하여 자기들 그림을 조합에 넘겨주고, 조합에서는 회원들의 생활을 보장해 계속 그림을 제작하게 하는 방식으로 판매 대금을 배분하는 것"이 좋은 방법이라는 제안을 하기도 한다. 그러나 이런 반 고흐의 생각은 실현되기 어려웠다. 반 고흐가 협동조합 구성에 솔선수범해주면 좋겠다고 지목한 인상파 화가들조차도 각자 그림을 팔아서 먹고살 일에 고심했을 뿐, 반 고흐 같은 '사회주의적 대안'을 진지하게 고려하지 않았기 때문이다.

추운 겨울을 지낸 반 고흐에게 아를의 봄은 더욱 빛나는 것처럼 보였으리라. 봄기운이 한창이었던 5월에 반 고흐는 아를에 있는 라마르탱 광장 북쪽에 있던 '노란 집'을 빌려서 거처를 옮겼다. 동생 테오에게 말했던 화가들의 협동조합을 만들어보겠다는 벅찬 기대를 안고서 「고흐의 방」이라

반 고흐, 「하얀 과수원」, 캔버스에 유채, 60×81cm, 1888, 암스테르담 반 고흐 미술관

반 고흐, 「화가로서의 자화상」, 캔버스에 유채, 65×50.5cm, 1888, 암스테르담 반 고흐 미술관

는 그림은 이런 반 고흐의 이상을 잘 표현한다는 점에서 의미심장하다. 고갱과 함께 새로운 화가들의 공동체를 만들겠다는 반 고흐의 꿈이 스미어 있는 것이다. 반 고흐는 아를의 봄 풍경을 열심히 화폭에 옮겼다.

아를로 떠나기 전부터 반 고흐는 일본 그림에 심취해 있었는데, 아를에서 제작한 그림은 이런 관심을 여실히 보여준다. 기존의 화풍과 이론을 완전히 무시한 그의 그림은 지금까지 볼 수 없던 기법과 스타일의 실험을 확인시켜주는 것이다. 그만큼 이 당시의 반 고흐는 화가들의 협동조합 같은 제도적 개혁뿐만 아니라 새로운 예술에 대한 열망으로 불타오르고 있었던 것이라고 할 수 있다. 1888년 봄에 반 고흐는 과수원 연작을 열네 점이나 그린다. 이 그림에서 파리를 떠날 무렵에 그려진 그의 자화상과 사뭇 다른 느낌을 받는 것은 어쩌면 너무도 당연한 일일 것이다. 인상주의로부터 완전히 벗어났다고 말할 수는 없지만, 그래도 분명히 다른 징조들이 이 연작에 꿈틀거리고 있다. 이 징조들은 다분히 일본 그림의 영향에서 온 것이라고 말할 수 있겠다.

반 고흐에게 일본은 단순히 특정 국가를 의미하는 것은 아니다. 인상파에게도 그랬지만, 일본이라는 미지의 나라는 서구의 전통으로 벗어날 수 있는 근거이기도 했다. 일본 그림처럼 '서구의 전통'에 의거하지 않은 그림도 가능하다는 것을 주장할 수 있었기 때문이다. 반 고흐에게도 일본 그림은 혁신의 가능성을 끊임없이 제공하는 자원이기도 했다. 반 고흐에게 일본 그림의 중요성을 알려준 이들은 그 누구도 아닌 인상파 화가들이었다. 반 고흐 자신이 인상파 화가들을 '프랑스의 일본인'이라고 부를 정도

반 고흐, 「고흐의 방, 두 번째」, 캔버스에 유채, 73×92cm, 1889, 시카고 아트 인스티튜트

였으니, 일본 그림에 대한 반 고흐의 관심이 얼마나 대단했는지 짐작할 수 있겠다.

인상주의를 통해 일본 그림의 의미를 알았지만, 또한 아이러니하게도 일본 그림으로 인해 반 고흐는 인상주의의 그늘을 벗어난다. 반 고흐에 이르면 인상주의의 원칙이기도 했던 자연에 대한 세밀한 묘사는 의미를 상실한다. 반 고흐의 그림은 인상주의에서 찾아볼 수 없는 격렬한 색조의 대비와 충돌을 보여주는 것에서 전혀 다른 특징을 서서히 드러내기 시작

반 고흐, 「고흐의 방, 세 번째」, 캔버스에 유채, 57×74cm, 1889, 오르세 미술관

한다. 그에게 그림은 더 이상 자연의 묘사라고 볼 수 없었다. 아를에 처음 정착했을 때, 반 고흐의 그림에서 고통은 완전히 사라진 것처럼 보였다. 그러나 이 행복했던 순간도 잠시, 그의 평온은 일 년도 지속되지 않았다. 1889년에 그려진 「반 고흐의 방, 두 번째」 「반 고흐의 방, 세 번째」는 소용 돌이치는 그의 내면을 다시 드러내고 있기 때문이다. 이렇게 우리는 서로 다른 '고흐의 방'을 보게 된 것이다.

설교를 들은 뒤에 나타난 환상—천사와 씨름하는 야곱
고갱, 캔버스에 유채, 73×92cm, 1888, 스코틀랜드 국립미술관

결과적으로 반 고흐와 고갱의 인연은 파국으로 끝났지만, 미술사에서 보기 드문 세기의 만남이었다는 것을 부정할 수는 없다. 반 고흐 때문에 고갱이 때로 '비난'을 듣기도 하지만, 서로 다른 성격과 성장 배경을 가진 두 화가가 만나서 새로운 그림 세계를 구현하고자 했다는 것은 의미심장하다. 반 고흐에 비한다면 고갱은 약삭빠른 파리지앵이었다. 일찍이 인상파 화가들과 교우를 맺었지만, 인정을 받기까지 꽤 오랜 시간이 걸렸다. 잠깐 언급했지만, 고갱은 아버지처럼 자신을 이끌어주었던 피사로에게 섭섭한 짓을 서슴없이 저지르기도 했다.

고갱은 1848년 파리에서 태어나 1903년 남태평양의 마르키스 섬에서 죽었다. 지금은 반 고흐와 더불어 후기인상파의 대표 화가로 불리고 있지만, 화가로 성공하기까지 그의 인생은 그렇게 호락호락하지 않았다. 피사

고갱, 「만돌린이 있는 정물」, 캔버스에 유채, 61×51cm, 1885, 오르세 미술관

로와 비슷하게 그는 인텔리 부모 밑에서 태어났다. 아버지는 저널리스트였고, 어머니는 페미니즘의 선구자인 플로라 트리스탕의 딸이었다.

이들 가족은 1851년 정치적 박해를 피해 페루로 떠났다가 여행 중에 아버지를 잃고 만다. 당시 세 살이었던 고갱은 일곱 살까지 페루에서 살다가 다시 프랑스로 돌아온다. 파리로 돌아온 고갱은 오를레앙에 있는 할아버지 집에서 성장한다. 후일 이런 성장 배경이 그의 작품에 깊은 영향을 미친 것은 두말할 필요가 없겠다. 그가 프랑스를 혐오하면서 폴리네시아 군도로 떠난 것이나, 비서구적인 상징주의에 경도된 것이나 이런 가족사의 내력을 빼놓고는 이해할 수가 없는 것이다.

약삭빠르고 이재에 밝은 일화들을 근거로 고갱을 비난할 수는 있겠지만, 그 또한 모든 것을 그림에 바치는 삶을 살고자 했던 예술가였다는 사실이 중요하다. 이 사실은 부정하기 어렵다. 당시에 화가는 명예를 얻는 길이긴 했지만, 개인의 삶을 편안하게 해주는 직업은 아니었기 때문이다. 고갱은 군 복무를 마친 뒤 파리에 가서 주식중개인으로 사회생활을 시작했다. 1873년 메테 소피라는 덴마크 여인과 결혼도 했다. 그러나 이런 '정상적인 삶'이 그를 위무해주지는 못했다. 방황하는 영혼이 그의 내면을 끊임없이 휘저어놓았던 것이다.

주식중개인으로서 경력을 더 쌓기 위해 고갱은 가족과 함께 덴마크로 갔지만, 그림에 대한 그의 열정은 더욱 불타올랐다. 그는 가족을 버리고 전업 화가가 되기 위해 1885년에 파리로 돌아온다. 부인과 다섯 아이들을 덴마크에 남겨둔 채 말이다. 고갱이 주식중개인의 길을 포기하고 화가의 길로 들어서는 과정은 서머싯 몸의 장편소설『달과 6펜스』에 잘 그려져 있다. 소설은 홀연 가족을 버리고 집을 나간 남편의 행방을 찾아달라는 한 여인의 부탁을 받고 화자話者가 파리로 떠나는 장면에서 시작한다. 부인은 자신의 남편이 젊은 여자와 눈이 맞아서 도망간 것이라고 추측하지만, 사실은 그렇지 않았다. 그는 그림을 그리기 위해 집을 나간 것이었다. 이 소설에서 몸은 주인공인 스트릭랜드의 입을 빌려 다음과 같이 고갱의 마음을 대변하고 있다.

> "나는 그림을 그려야 한다지 않소. 그러지 않고서는 못 배기겠단 말이요. 물에 빠진 사람에게 헤엄을 잘 치고 못 치고 문제겠소? 우선 헤어나오는 게 중요하지. 그렇지 않으면 빠져 죽어요."
>
> 『달과 6펜스』(서머싯 몸 지음, 송무 옮김, 민음사)에서

안정적인 주식중개인의 삶을 버리고 화가의 길로 접어들면서 고갱은 고난에 가득한 삶을 선택했다. 몸의 표현을 빌리자면 그는 "물에 빠진 사람"이 되어버린 것이다. 새로운 예술적 실험을 구매해줄 만큼 시장은 너그럽지 못했다. 경제적 피폐는 고갱의 삶을 더욱 힘들게 만들었다. 앞서 말했듯이, 반 고흐가 내놓은 화가 공동체에 대한 발상은 이렇게 고난에 찬 화가의 삶을 사회적인 차원에서 해결해보자는 의지를 드러낸 것이었다. 그러나 피사로라면 몰라도 고갱에게 이런 생각이 통할 리는 없었다. 그는 주식중개인이었고, 시장의 메커니즘을 잘 알고 있던 인물이었다. 파리에서

닳고 닳은 그의 눈에 반 고흐의 생각은 너무도 순진한 것으로 보였을지도 모른다. 고갱은 반 고흐와 달리, 세상을 쉽게 바꿀 수 있다고 생각하지 않았다. 반 고흐나 고갱이나 깊은 우울증을 앓았고, 때때로 자살 충동에 휩싸이곤 했다.

인상주의에 대해 불만이 많았던 고갱은 상징주의에 관심을 보였다. 반 고흐와 마찬가지로 고갱은 일본 그림에 감화를 받았는데, 그 이유는 그림에 가득한 상징적 깊이 때문이었다. 고갱의 불만은 자연의 모방에 치중한 당대의 화풍이었고, 이런 까닭에 인상주의와 그 화가들을 벗어난 독자적인 예술 세계를 만들어내고자 했다. 1888년에 고갱이 그린 「설교를 들은 뒤에 본 환상-천사와 씨름하는 야곱」은 그의 예술관을 잘 보여주는 작품이다. 1887년 고갱은 몇 달 동안 남미의 파나마를 방문했는데, 거기에서 마르티니크 섬으로 가서 몇 달 머물렀다. 이 그림은 마르티니크 섬에서의 체류 경험이 고갱에게 어떠한 변화를 불러일으켰는지 짐작하게 해준다. 이 그림은 교회에서 설교를 들은 여인들에게 나타난 환상을 보여주는데, 고갱은 이 작업을 통해 마침내 자신만의 색채와 화풍을 찾아냈다고 말할 수 있다. 비슷한 시기에 그린 「브르타뉴의 돼지치기」와 비교해보면 그 차이를 쉽게 알 수 있을 것이다.

고갱이 찾아 헤맨 것은 리얼리즘과 인상주의를 거부할 수 있는 스타일이었다. 그 결과가 바로 상징주의였고, 「설교를 들은 뒤에 본 환상」은 이런 고갱의 시도를 정확하게 드러내고 있는 셈이다. 그는 마침내 인상파와 결별할 수 있는 계기를 발견한 것이다. 고갱은 단순하게 일본 그림을 흉내

고갱, 「브르타뉴의 돼지치기」, 캔버스에 유채, 73×93cm, 1888, 로스앤젤레스 카운티 미술관

내는 수준에 그치지 않고 장식성을 차용했다. 이른바 '자포니슴'은 고갱에게 특별한 영향을 미친 것이라고 보기는 어렵다. 인상파 화가들에게 일본 그림은 서양과 다른 전통을 보여주는 하나의 사례였고, 반 고흐 역시 일본의 우키요에를 모사하면서 새로운 미학을 도모했다.

그러나 고갱처럼 일본 그림의 장식성과 원시미술의 시각성을 함께 버무려낸 경우는 없었다. 「설교를 들은 뒤에 본 환상」은 서구의 기독교미술과 원시미술, 그리고 일본 미술이 하나로 어우러져 있는 장면을 연출한다. 대각선으로 면을 분할하고 있는 나무줄기에서 일본 그림의 기법을 읽어낼 수가 있고, 분할된 두 개의 면에 나타나는 대립적인 정서는 기독교미술을 상기시킨다. 고갱이 반 고흐를 만나던 당시는 인상주의의 영향을 벗어나 바야흐로 자신의 세계를 구축해나가던 시기였다.

아를의 랑그루아 다리
반 고흐, 캔버스에 유채, 46×50cm, 1888, 쾰른 발라프-리하르츠 미술관

빈센트, 아를에서 희망을 보다

고갱이 반 고흐와 함께 아를에 머문 시간은 고작 9주 밖에 되지 않는다. 겨울 석 달 동안 함께 작업을 한 셈인데, 고갱도 이때 반 고흐와 마찬가지로 고통스러운 심경이었다. 그러나 결과적으로 파탄으로 끝나버린 이 짧은 '동거'를 기다리던 그 순간은 반 고흐에게 생애 최고의 상태였다고 할 수 있다.

반 고흐는 마치 신혼살림을 준비하는 신부처럼 들떠 있었다. 화가 공동체를 만들고, 그토록 동경하던 고갱과 함께 그림을 그릴 수 있다는 생각에 반 고흐는 이주에 따른 스트레스도 느낄 새가 없었다. 처음 아를에 도착한 무렵에 그린 반 고흐의 그림들은 밝은 햇살로 가득한 것처럼 보인다. 희망의 노란색이 화면을 뒤덮고 있는 것을 볼 수 있다. 그중 하나가 아를에 있는 현수교를 그린 「아를의 랑그루아 다리」이다.

이 그림에서 우리는 파리 생활에 지친 반 고흐를 발견하기 어렵다. 희망과 행복에 젖어서 아를 풍경을 바라보았을 그의 모습을 상상할 수가 있는 것이다. 아를의 풍경은 그를 깊이 감동시켰고, 그래서 눈에 보이는 모든 것을 아름답게 그리도록 만들었다. 만성 우울증에 시달렸던 반 고흐는 파리에서 흥청망청 압생트를 마시고 매음녀와 밤을 지새우면서 건강을 망쳤다. 많은 사람들이 생각하는 것과 달리 반 고흐는 그렇게 '고귀한 삶'을 살았다고 보기 어렵다. 21세기 서울에 그가 살고 있다면, 아마도 그는 매일 술에 절어 있는 '루저'의 삶을 살았을 것이다.

반 고흐가 가난하게 살았다는 믿음도 다소 과장된 것이라고 할 수 있다. 가난의 정도로 치자면 피사로 같은 인상파 화가들도 순위권에 들 만하다. 당시에 아방가르드 예술가들에게 아낌없는 지원을 해줄 마음씨 좋은 후원자들은 파리에 없었다. 말하자면 가난은 당시 파리에 모여 있던 예술가들의 만성 질병이었지, 딱히 반 고흐만을 위해 준비된 천형은 아니었던 셈이다. 반 고흐의 불행은 세잔처럼 불안한 마음에 있었다. 다만 다른 점이 있다면 반 고흐는 세잔과 달리 피사로 같은 인생의 조언자가 없었다는 것. 어쩌면 이 사실이 모든 불행의 씨앗이었을지도 모른다.

불행히도 반 고흐는 고갱을 삶의 조언자로 생각했지만 오판이었다. 고갱도 반 고흐와 마찬가지로 자신의 인생을 감당하기에도 버거운 심경에 시달리고 있었기 때문이다. 대체로 우리는 자신과 닮은 사람에게 끌린다. 자신과 닮은 사람의 모습에서 우리는 자신에게 없는 것을 발견하게 마련이다. 그 사람은 내가 갖지 못한 것을 가지고 있는 것처럼 보이는 것이다.

반 고흐, 「라크로의 추수」, 캔버스에 유채, 73×92cm, 1888, 암스테르담 반 고흐 미술관

반 고흐와 고갱의 관계는 이처럼 서로 너무 닮아 있었기에 파탄에 이른 것이라고 볼 수 있다. 반 고흐는 고갱을 통해 자신에게 없는 것을 얻을 수 있다고 생각했지만, 불가능한 소망이었을 뿐이다.

어떻게 생각하면 반 고흐는 모차르트처럼 삶에 제대로 적응하지 못했던 대표적인 예술가였다. 동생 테오의 걱정은 이런 형의 성격 때문에 극에 달하곤 했다. 아무런 언약도 없이 불쑥 파리로 오질 않나, 그렇게 파리에 와서 하는 일이라고는 매일 술에 취해 있거나 아니면 번 돈을 몽땅 매음녀에게 갖다 바치는 짓이었다. 반 고흐는 선천적으로 고통에 빠진 누군가에서 자신을 헌신하지 않으면 살아갈 수가 없는 성격의 소유자였다. 고갱을 처음 봤을 때 반 고흐는 그림을 팔지 못해서 간난신고를 겪고 있던 고갱을 '구원'하는 것이 자신의 사명이라고 생각했다. 그래서 고갱이 파리를 떠났을 때, 반 고흐는 아를로 거처를 옮기기로 결심을 굳혔던 것이다. 고갱을 위해 자신을 희생하고자 했던 반 고흐의 마음은 받아들여지기 어려웠다. 그러기에 고갱과 반 고흐의 예술관은 너무 크게 차이 났기 때문이다.

우여곡절 끝에 반 고흐는 아를로 와서 아름다운 그림들을 남겼다. 짧은 반 고흐의 생애에서 이때 그려진 그림만큼 환희에 차 있는 작품을 보기 어렵다. 「라크로의 추수」라는 그림도 이 무렵에 제작된 것인데, 「아를의 랑그루아 다리」와 비슷한 분위기를 풍긴다. 두 그림에서 일본화의 영향을 읽어내는 것은 그렇게 힘들지 않다. 특히 「라크로의 추수」는 검은 테두리선으로 윤곽을 처리한 기법에서 확연하게 우키요에의 느낌을 자아내고

반 고흐, 「탕기 영감의 초상」, 캔버스에 유채, 92×75cm, 1887~88, 파리 로댕 미술관

있다. 인상파 화가들을 비롯해서 반 고흐가 일본화에 관심을 가진 까닭은 서구의 전통과 다른 방식으로 어떻게 그림이 가능한지를 보여준다고 생각했기 때문이다. 다시 말해서 '전통과 단절하기'라는 취지에 일본화를 이용했던 것이라고 볼 수 있다. 물론 이 과정에서 '일본'은 동양을 대표하는 기표였지 특정한 국가를 의미하는 것은 아니었다. 모네가 자신의 일본풍 그림을 "나의 중국 그림"이라고 불렀다는 사실을 상기하면, 굳이 일본 화가 일본에서 온 것이기 때문에 파리 화가들에게 영향을 주었던 것은 아니었다고 할 수 있다.

　　오늘날 우리가 목격하는 반 고흐의 유명세는 다분히 서구의 근대회화에 영향을 미친 일본 그림의 미학 때문이라고 말해도 크게 틀리지 않을 것이다. 그만큼 반 고흐의 그림은 서양인에게 이국적인 흥취를 자아내는 동시에, 동양화에 익숙한 우리 눈에도 친근감을 준다고 할 수 있다. 반 고흐가 아를로 오기 전에 그린 「탕기 영감의 초상」은 얼마나 그가 우키요에에 심취했는지를 잘 보여준다. 초상의 배경에 빽빽하게 그려진 것들은 모두 우키요에에서 볼 수 있는 전형적인 화제들이다. 그림 속 탕기 영감의 왼쪽에 있는 '미인도'는 우타가와 구니사다歌川國貞의 작품이다. 인상파와 반 고흐는 똑같이 일본 그림에서 서구 미학을 갱신할 근거들을 발견했지만, 반 고흐는 인상파 화가들보다 더 멀리 나아갔다고 할 수 있다. 그는 인상파 화가들에게 중요했던 자연의 범주를 과감히 버리고 강렬한 원색을 구사하는 대담한 길로 나아갔던 것이다. 아를에 이르러 마침내 후기인상주의가 반 고흐의 붓끝에서 피어나기 시작했다.

『파리 일뤼스트레』의 표지,
1886년 5월호

우타가와 구니사다,
「스케로쿠」(부분)

노란 집
반 고흐, 캔버스에 유채, 72×91.5cm, 1888, 암스테르담 반 고흐 미술관

아를에 반 고흐의 방이 있던 건물이 바로 '노란 집'이다. 노란 집은 외벽의 색채를 따서 붙여진 이름이고, 원래 주소는 아를의 라마르탱 광장 2번지이다. 이 노란 집은 반 고흐의 희망이면서 동시에 현실의 비극을 예감하게 만드는 상징이었다. 반 고흐는 이곳에서 영국의 라파엘전파와 같은 동지애를 꿈꾸었지만, 현실은 그 뜻에 반하는 결과를 초래했다.

이 그림에서 반 고흐가 살던 방은 건물의 오른쪽에 있다. 이 건물에 있던 방 네 개를 빌려서 반 고흐는 아를의 삶을 시작한다. 아래층에 있던 큰 방은 아틀리에와 부엌으로 쓰고, 위층에 있던 작은 방은 침실과 객실로 사용했다. 오른쪽 건물 구석에 초록색 셔터가 열려 있는 방이 객실이다. 이 방에서 고갱은 9주를 머물렀다. 그 뒤에 셔터가 내려진 방이 반 고흐의 침실이었다. 「노란 집」을 그릴 당시에도 반 고흐는 희망에 들뜬 상태였다는 것을 알 수 있다.

아를에 처음 도착했을 무렵의 반 고흐는 그렇게 경제적 어려움에 시달렸던 것처럼 보이진 않는다. 정작 반 고흐 때문에 힘들었던 이는 동생 테오였기 때문이다. 아무리 형에 대한 의리가 있다 하더라도 테오는 정말 놀라운 인물이었다. 그렇게 넉넉하지 못한 사정이었음에도 그는 아를로 가는 형의 여비와 집세를 모두 부담했다. 반 고흐도 이런 동생의 재정 상태를 알고 있었기 때문에 열심히 그림을 그려서 빚을 갚겠다는 결심을 했던 것이다. 형이 그림을 부지런히 그려야 동생이 처한 경제적인 어려움도 해소할 수 있었다.

반 고흐의 문제는 마음에 있었는데, 고갱처럼 그도 문명의 압박을 참지 못하는 성정의 소유자였다. 고갱이 파리를 떠남으로써 이 문제를 해결하려고 했다면, 반 고흐는 어떻게든 현실에 남아서 자신의 자리를 찾으려고 노력했다고 할 수 있다. 마치 아폴론과 디오니소스 같은 차이점이 고갱과 반 고흐에게 있었다. 게다가 고갱이 자기중심적이고 오만했다면, 반 고흐는 이타적이면서 헌신적이었다. 반 고흐가 일본 그림에 빠져 있었던 것과 달리 고갱에게 일본은 출발점이었지 종착점이 아니었다. 고갱은 일본 그림처럼 섬세한 표현을 선호하지 않았다. 이런 까닭에 그는 '원시성'을 찾아서 타이티로 떠날 수밖에 없었던 것인지도 모른다.

이렇게 많은 차이점을 갖고 있었지만, 둘을 묶어주는 공통점도 없지 않았다. 둘은 모두 늦은 나이에 그림을 시작했을 뿐만 아니라, 아틀리에에 들어가 정식으로 그림을 배워본 적도 없다. 오직 독학으로 자신의 세계

반 고흐, 「씨 뿌리는 사람」, 캔버스에 유채, 64×55cm, 1889, 크뢸러-뮐러 미술관

를 구축했던 대표적인 화가가 바로 고갱과 반 고흐이다. 이들의 독창성을 발견할 수 있는 지점이 바로 여기이다. 인상파 화가들의 초창기처럼 미술 제도로부터 떨어져서 '새로운 예술'을 추구했다는 것이 이들을 다른 화가들과 구분시켜주는 결정적인 특징인 것이다.

반 고흐가 강렬한 햇빛과 색채를 찾아서 아를로 이주할 그 무렵, 파리는 점묘파의 독무대였다. 인상파의 막내이자 점묘파의 선구자인 쇠라는 보기 드문 찬사를 받으면서 파리 예술계의 시선을 한 몸에 받고 있었다. 반 고흐 역시 고갱처럼 당시 파리에서 알아주지 않는 화가였다. 반 고흐는 인상파와 점묘파에서 기법적인 영향을 받긴 했지만, 주제의 측면에서 밀레에게 깊은 공감을 느끼고 있었다. 이런 까닭에 「씨 뿌리는 사람」은 밀레가 그린 동명의 작품에 대한 오마주라고 할 수 있다. 후일 아를에서 그리는 숱한 반 고흐의 풍경화에서 밀레의 영향을 읽어내는 것은 어렵지 않다.

그러나 고갱은 반 고흐와 전혀 다른 감수성을 지니고 있었다. 그는 보들레르의 도회풍 문화를 싫어했고, 그래서 문명 이전의 모습을 찾아서 타이티로 떠나갔던 것이다. 반 고흐와 달리 고갱은 원시미술에 대한 동경을 품고 있었다. 반 고흐를 두고 고갱은 너무 낭만적이라고 촌평했다. 이렇게 경향에서 차이가 났지만, 둘은 공통적으로 자본주의 문명을 혐오했다. 말하자면, 둘 다 프랑스의 근대 문명에 회의를 느꼈지만, 그 문제에 대한 대안이 서로 달랐다고 할 수 있다. '도피'라는 방법을 통해 두 화가는 문명의 압박을 벗어나려고 했지만, 아를과 타이티라는 공간적 거리감을 넘어서서 이들이 도달한 종착역은 결국 같은 곳이었다고 할 수 있다.

후일 타이티로 간 고갱이 발견한 것은 결국 보들레르가 발견했던 그 파리의 다른 모습이었을 뿐이다. 원시의 세계를 기대하고 타이티에 발을 디딘 고갱은 식민지 점령군으로 행세하는 프랑스인들을 조우할 수밖에 없었다. 타이티는 이미 프랑스의 근대 문명에 오염되어버린 작은 파리였다. 고갱처럼 프랑스에서 살지 못하고 쫓겨 오다시피 몰려온 어중이떠중이들이 식민지에서 원주민들을 상대로 권력놀음을 하고 있었던 것이다.

고갱처럼 자존심 하나로 먹고사는 위인이 이들과 쉽게 어울릴 수 없었던 것은 당연한 일이었을 테다. 고갱에게 가장 두려웠던 것은 망각이었다. 그는 타이티에 머물면서도 친구에게 보내는 편지에서 지속적으로 "파리가 자신을 잊은 것 같다"라고 푸념했다. 이런 이중성이야말로 고갱의 삶을 관통하는 모순의 진실이라고 해야 할 것이다. 이 모순의 진실을 그림으로 표현한 것이 바로 고갱이 추구한 마음의 그림이었다고 할 수 있다.

고갱이나 반 고흐, 그리고 이들보다 앞선 세잔 모두 요동치는 마음을 그림으로 표현한 대표적인 화가들이다. 점묘파 화가들이 인간성의 소멸을 도모하기 위해 화가의 눈을 '카메라 렌즈'로 간주했던 것과 달리, 이들은 인간의 내면을 색채와 형상으로 표현했던 것이다. 이들은 예술이야말로 '마음의 문제'를 표현한다는 것을 자신의 작품으로 보여주었다.

「노란 집」은 아를에서 작업에 몰두했던 반 고흐의 일상을 잘 보여주는 그림이다. 오른쪽에 연기를 뿜으며 기차가 지나가는 철교가 보이고, 왼쪽 구석으로 행인이 오갈 수 있는 보도가 보인다. 철교가 있는 방향으로 보이는 카페가 반 고흐의 「밤의 카페」에 등장하는 바로 그곳이다. 이 카페

반 고흐, 「노란 집」, 붉은 펜과 수채, 25.5×31.5cm, 1888, 암스테르담 반 고흐 미술관

에서 반 고흐는 매일 끼니를 해결했다. 처음에 반 고흐는 이 그림의 제목을 '집과 주변'이라고 했다가 후일 '거리'로 수정했다. 하지만 오늘날은 그냥 「노란 집」이라고 불리게 되었다. 「노란 집」을 보고 있으면 아를에서 보냈던 반 고흐의 시간들이 새록새록 다시 살아나는 것처럼 느껴진다. 그는 불행했지만, 아를의 시간은 그에게 잠깐이나마 강렬한 행복을 가져다주었다.

밤의 카페, 아를
고갱, 캔버스에 유채, 73×92cm, 1888, 모스크바 푸시킨 미술관

반 고흐가 아를에 방을 구하고 얼마 뒤 고갱은 반 고흐를 찾아왔다. 드디
어 반 고흐의 '꿈'이 이루어지는 것처럼 보였다. 이 당시 고갱도 반 고흐에
게 잠시나마 호의를 표시하고 있었다. 고갱이 반 고흐를 어떻게 생각했는
지는 「해바라기를 그리는 반 고흐」(192쪽)라는 그림에서 확인할 수 있다. 친
한 화가들끼리 초상화를 그려주는 것은 관례였지만, 고갱이 특별히 반 고
흐의 초상화를 그려주었다는 것은 그만큼 고갱도 반 고흐를 중요하게 생
각했다는 것을 뜻한다. 두 사람은 모두 세상에 적응하지 못하고 부유하는
존재들이었고, 그래서 서로에게 더 없이 든든한 벗이 되고 싶었는지도 모
른다.

그러나 남아 있는 기록만을 토대로 상상했을 때, 반 고흐와 고갱의
관계는 다소 일방적인 측면이 있었다. 남녀관계에 빗대어 본다면, 둘 사이

에서 고갱에 대한 반 고흐의 구애가 더 노골적이었다고 할 수 있기 때문이다. 반 고흐는 아를에 '노란 집'을 얻고서 고갱에게 편지를 쓴다. 편지의 내용은 방이 네 개인 집을 빌렸다는 것에서 시작해서, 고갱에게 아를로 올 것을 권유하는 것이었다. 반 고흐는 다음과 같이 말하면서 고갱의 환심을 사려고 한다.

> 나는 오로지 혼자로서, 이 고독이 상당히 고통스러워. 그래서 이를 솔직히 자네에게 말하려고 몇 번이나 생각했었지. 자네도 알다시피, 아우와 나는 자네 그림을 높이 평가하고 있고, 자네가 좀 더 안정된 상태이기를 간절히 바라고 있다네. 그런데 사실 지금 아우는 브르타뉴의 자네에게 돈을 보내고, 동시에 프로방스의 나에게 돈을 보낼 수는 없는 형편이네. 그러니 여기서 나와 공동으로 돈을 사용하면 어떨까? 우리가 함께 살면 둘이서 충분히 해나가리라는 확신을 나는 가지고 있으니까.
>
> 1888년 5월 28일 고갱에게 보낸 편지에서

이 구절에서도 쉽사리 '공동생활'에 대한 반 고흐와 고갱의 차이점을 알 수 있다. 반 고흐는 고갱과 함께 사는 것이 중요했다면, 고갱은 반 고흐의 동생 테오의 후원이 절실했던 것이다. 반 고흐는 고갱에게 매월 테오로부터 150프랑을 받을 수 있다고 전하고 있다. 조건은 매월 한 점씩 그림을 그려서 테오에게 보내주는 것이었다. 경제적 압박에 짓눌려 있던 고갱에게 나쁜 제안은 아니었다. 그러나 반 고흐는 이 정도에서 그치고 싶은 마음이 없었다. 반 고흐의 계획은 더 원대했다. 그는 고갱에게 "우리 둘이 조만간 마르세유에서 전시를 시작하자. 우리만이 아니라 다른 인상주의 화가들에게 길을 열어주고 싶다"고 말한다.

막막한 절망에 휩싸여 있던 고갱에게 이런 반 고흐의 말은 한 줄기 희망처럼 다가왔을 것이다. 그에게 중요했던 것이 반 고흐와의 우정이 아니라 테오의 후원이었다고 해도, 그 선택 차제를 비난하기는 힘든 일이다. 그에게 필요했던 것은 작업을 계속하기 위한 조건이었다. 그래서 마침내 고갱은 길을 떠나 1888년 10월 23일에 아를로 왔다.

반 고흐의 「노란 집」에 그려져 있는 철로를 따라 고갱을 태운 기차가 당도했다. 새벽 5시, 밤의 어둠이 채 가시지 않은 시각이었다. 따뜻한 햇살을 찾아서 남쪽으로 왔지만 10월의 새벽 공기는 차가웠다. 브르타뉴에서 기차를 탄 고갱은 장장 이틀을 달려 아를에 도착했다. 프랑스를 가로지르는 지겨운 여행이었다. 습한 대서양 연안에서 반 고흐가 즐겨 그린 론 강이 지중해와 만나는 평원으로 공간 이동을 한 것이다. 기차역을 빠져나온 고갱은 철교 아래를 지난 뒤에 왼쪽 길을 따라서 '노란 집'으로 향했다. 그러나 집의 덧문이 굳게 닫혀 있었기 때문에 해가 뜰 때까지 밖에 머물러야 했다. 새벽이었지만 밤새 영업을 한다는 카페의 표지판이 선명하게 보였다. 고갱은 카페 문을 밀고 들어갔다. 천장에 램프가 걸려 있는 카페 안은 환했다. 벽은 붉은색이었고 바닥은 목재가 그대로 드러나 있었다. 대리석으로 만든 테이블이 곳곳에 배치되어 있는 카페 중앙에 커다란 당구대

「조제프 지누의 초상」,
반 고흐, 캔버스에 유채, 64×52cm,
1888, 크뢸러−뮐러 미술관

가 놓여 있었다. 반 고흐의 그림에 등장하는 바로 그 '밤의 카페' 그대로였
다. 고갱의 아를 방문은 이렇게 반 고흐의 그림에 담긴 밤의 카페를 만나
면서 시작되었다. 카페 주인이 고갱에게 소리쳤다. "당신이 바로 그 친구로
군. 금방 알아보겠소!" 이 카페 주인이 바로 조제프 지누였다. 일찍부터 아
방가르드 예술가들을 접해왔던 그는 초상화를 통해 고갱의 얼굴을 이미
알고 있었다. 고갱은 아를에서 명사였던 셈이다. 공명심이 강했던 고갱에
게 이런 환영은 썩 괜찮은 인상을 남겼을 것이다.

　아를을 방문해서 처음 대면한 이 카페가 고갱에게 인상적이었다는 사실은 후일 그의 그림에서 자세하게 드러난다. 처음 온 도시에서 카페 주인이 자신을 알아볼 정도였으니 누구라도 그랬을 것이다. 앞서 살펴봤지만, 반 고흐가 「밤의 카페」(82쪽)를 그리고 한 달 뒤에 고갱 역시 이 카페를 화폭에 담는다. 「밤의 카페, 아를」이 바로 그것이다. 반 고흐의 단골 모델이기도 했던 지누 부인이 고갱의 그림 「밤의 카페, 아를」에도 등장한다. 손님 없는 한적한 시간, 지누 부인은 두 쓸쓸한 화가들을 위해 모델 노릇을 마다하지 않았다. 평범하지만, 그 순간만으로 예술적인 시간이 이 카페에 깃들어 있었던 셈이다. 이런 까닭에 같은 카페이지만 그 표현 방식에 따라 전혀 다르게 표현된 그림을 통해 두 화가의 내면을 엿보는 것도 흥미로운 일이다.

반 고흐의 「밤의 카페」가 극심한 공간의 왜곡을 보여주면서 손님 없는 텅 빈 카페의 모습을 그리고 있다면, 고갱은 흥성거리는 카페의 풍경을 그대로 드러내고 있다. 물론 고갱은 왼쪽에 팔을 괴고 잠들어 있는 남자를 그려놓음으로써, 이런 화기애애한 공간에서 '소외감'을 느끼는 자신의 처지를 간접적으로 암시하고 있기도 하다. 그러나 퀭한 카페를 그려놓은 반 고흐의 그림이 절대적 고독감을 나타낸다면, 우울하긴 하지만 웅성거리는 손님들의 모습을 그려놓은 고갱의 그림이 훨씬 희망적인 느낌을 자아낸다. 이처럼 동일한 공간에 대한 서로 다른 두 화가의 시선은 앞으로 닥쳐올 파국을 예감하는 것 같아서 예사롭지 않다.

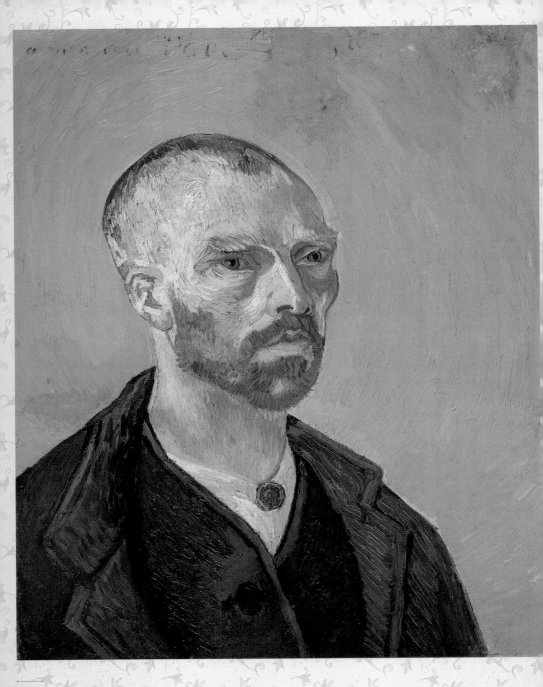

고갱에게 바치는 자화상
반 고흐, 캔버스에 유채, 62×52cm, 1888, 하버드 대학교 포그 미술관

고갱의 도착은 반 고흐의 인생에서 가장 즐거우면서도 걱정스러운 순간
이었다. 고갱이 오기를 기다리며 반 고흐는 마치 신랑을 맞이하는 신부처
럼 들떠 있었다. 처음 노란 집을 임대했을 때, 반 고흐는 결코 혼자서 작
업을 계속할 수 없다는 사실을 깨달았다. 이런 고독감이 그에게 동료의
존재를 절실하게 요구했던 것이고, 고갱을 이상적인 동지라고 생각하게 만
들었다. 그는 테오에게 간절한 마음을 담아서 고갱을 지원해줄 것을 부탁
했다.

테오는 당시에 뒤랑-뤼엘처럼 파리에서 실험적인 작가의 작품을 구
매해주는 드문 화상 중 한 명이었다. 그는 모네의 그림도 구입해서 거래하
기도 했는데, 이런 까닭에 반 고흐는 고갱에게 경제적인 도움을 주도록 간
청했던 것이다. 처음에 반 고흐는 동생 테오를 시켜서 고갱에게 아를로 올

생각이 있는지 의향을 떠보도록 했다. 그러나 고갱은 가타부타 확실한 대답을 주지 않았다. 시간이 지날수록 급해진 것은 반 고흐였다. 상황이 뜻대로 흘러가지 않자, 점점 반 고흐는 고갱에게 집착하기 시작했다. 5월이 끝날 무렵부터 고갱이 아를로 오기까지 반 고흐는 온갖 핑계를 동원해서 테오를 설득했다. 테오가 고갱을 아를로 보낼 수 있는 유일한 사람이었기 때문이다.

　　테오는 화상이었기 때문에 고갱을 유혹할 수 있는 충분한 미끼였다. 테오는 어쩔 수 없이 형의 요구를 들어줄 수밖에 없었다. 형 때문에 테오는 당시로 본다면 정말 파격적인 조건으로 고갱에게 아를행을 제안하게 되었다. 고갱이 아를에서 반 고흐와 함께 사는 조건으로 테오는 여비와 숙박비를 그에게 제공하기로 했다. 하루 먹고살기도 힘들었던 고갱에게 이 제안을 받아들이지 못할 이유는 없었다. 그러나 시간상의 이유를 들며 고갱은 아를에 오는 것을 차일피일 미루었는데, 이로 인해서 반 고흐는 거의 병을 얻을 지경이었다.

　　반 고흐는 고갱이 아를을 싫어하지는 않을까 노심초사했다. 남프랑스에 위치한 아를은 북부에 비해서 단조롭기 그지없는 시골이었기 때문에 고갱을 매료시킬 요소가 풍부하다고 보기는 어려웠다. 고갱은 테오의 제안이 워낙 파격적이라서 받아들이긴 했지만, 이런 문제에 대해 깊이 생각하지 않았다. 어떻게 보면 고갱도 경솔한 선택을 한 셈이다. 바야흐로 비극이 다가오고 있었지만, 처음 아를에 도착했던 그 순간만큼은 둘 다 설렘에 젖어 있었던 것이 틀림없다.

한동안 고갱과 반 고흐는 각자에게 자신의 자화상을 그려주면서 우정을 과시했다. 자화상을 교환하자는 제의는 반 고흐가 했다. 그래서 고갱은 「반 고흐에게 바치는 자화상」을 그렸다. 이 자화상을 지칭하는 다른 제목은 '레 미제라블'이다. 빅토르 위고의 작품에 영감을 받은 제목인데, 고갱은 이 그림을 그리면서 소설의 주인공 장 발장과 자신을 동일시했던 것이다. 장 발장은 범죄자이면서 추방자이고, 또한 순교자이자 성인이다. 자화상에서 이 그림을 그릴 당시에 고갱이 느꼈을 복잡한 심경을 읽어내는 것은 어렵지 않다.

이 자화상을 보고, 반 고흐는 최고의 걸작이라는 찬사를 아끼지 않았다. 반 고흐 또한 고갱에게 자화상을 그려주는데, 이 작품이 바로 「고갱에게 바치는 자화상」이다. 반 고흐는 고갱의 자화상에서 깊은 우울을 읽어내고 걱정했는데, 정작 그의 자화상은 고갱보다 더하면 더했지 약하지 않은 어두운 마음 상태를 보여준다는 점에서 아이러니하다. 이 자화상에서 반 고흐의 모습은 거의 빡빡 깎은 머리에 광대뼈가 튀어나온 몰골을 하고 있다. 옥색을 배경으로 두고 그려진 반 고흐 자신의 모습은 기괴함마저 자아낸다.

옥색은 오렌지색과 섞이면서 특이한 효과를 만든다. 목과 어깨는 가볍게 녹색과 밝은 장밋빛을 서로 결합시켰다. 가까이에서 보면 전혀 관계없는 두 색채가 뒤섞여 있지만, 조금 거리를 두고 보면, 생동감이 살아난다는 점에서 특기할 만하다. 그 외에도 과도하게 튀어나온 광대뼈나 묘한 표정이 고갱의 도착을 기다리던 반 고흐의 마음 상태를 간접적으로 암시해

고갱, 「반 고흐에게 바치는 자화상」, 캔버스에 유채, 73×92cm, 1888, 모스크바 푸시킨 미술관

주는 것 같다. 마치 광배처럼 머리 주위에 퍼져 있는 색채의 배치도 반 고흐 특유의 기법을 보여준다는 점에서 흥미를 돋운다. 이 그림에서 확인할 수 있는 것은 기대와 불안 사이에서 시계추처럼 왔다 갔다 했을 반 고흐의 마음고생이다. 고갱이 아를에 와도 걱정이고 오지 않아도 걱정이었던 날들을 반 고흐는 감내해야 했던 것이다. 그리고 자신이 계획한 대로 고갱은 새벽에 도착해서 날이 밝자 문을 두드렸다. 피하고 싶어도 피할 수 없는 현실이 반 고흐에게 문을 열어줄 수밖에 없도록 만들었다.

자화상을 그려 보내면서 고갱은 반 고흐에게 자신의 의도를 편지로 설명했다. 편지에서 고갱은 자신의 모습을 위고의 소설 『레 미제라블』의 주인공 장 발장에 빗대어 말하고 있다. 고갱은 겉으로 야성적이지만, 그 내면에 고귀함과 부드러움이 감춰져 있는 존재로서 자신을 묘사하고 있는 것이다. '고귀한 야만인'이라는 고갱 특유의 자기 인식이 자화상에 고스란히 담겨 있다고 하겠다. 고갱의 자화상에 비하면, 반 고흐는 거창한 주제의식 따위를 갖지 않은 자신의 모습을 그대로 담았다고 할 수 있다.

해바라기 열네 송이
반 고흐, 캔버스에 유채, 93×73cm, 1888, 런던 내셔널 갤러리

반 고흐는 해바라기의 화가라고 해도 과언이 아닐 것이다. 반 고흐하면 가장 먼저 떠오르는 이미지가 바로 해바라기이기 때문이다. 반 고흐의 그림에 나오는 여러 가지 소재들 중에서 특히 인상적인 것으로 사이프러스와 밀밭, 그리고 해바라기를 꼽을 수 있는데, 이중에서도 반 고흐를 대표하는 꽃이 해바라기인 것은 흥미로운 일이다. 왜냐하면 이 해바라기 그림이야말로 고갱을 빼놓고 말할 수 없는 작품이기 때문이다.

　반 고흐가 아를에 도착했을 때, 이 세상의 누구도 앞으로 이 화가가 이루어낼 새로운 예술에 대해 알지 못했다. 심지어 반 고흐 자신도 그랬다. 아를에 머무는 동안 반 고흐는 200여 점의 그림을 그렸다. 실로 엄청난 수였다. 고갱은 반 고흐에 비해 과작寡作이었다. 고작 반 고흐의 작품 수 3분의 1에 해당하는 그림을 남겼을 뿐이다.

반 고흐, 「해바라기 세 송이」, 캔버스에 유채, 73×58cm, 1888, 개인 소장

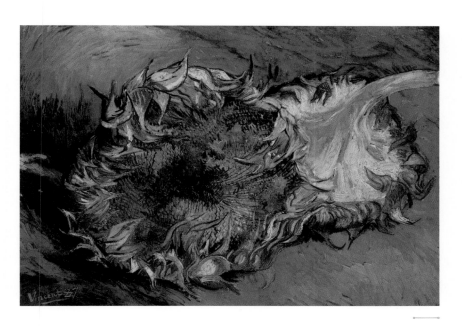

반 고흐, 「잘린 해바라기 두 송이」, 캔버스에 유채, 43.2×61cm, 1887, 뉴욕 메트로폴리탄 미술관

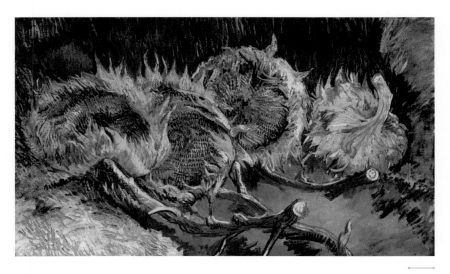

반 고흐, 「잘린 해바라기 네 송이」, 캔버스에 유채, 60×100cm, 1887, 크뢸러-뮐러 미술관

아를의 반 고흐는 그냥 양적으로 작품 수만을 많이 남긴 것이 아니었다. 이때 그려진 대다수 그림들이 반 고흐의 작품 세계를 대표하는 명작으로 후대에 평가 받고 있다. 반 고흐는 몇몇 작품을 파리에 있는 동생 테오에게 보내기도 했지만, 대다수는 노란 집에 그냥 두었다. 벽에 걸어두거나 창고에 처박혀 있는 경우가 다반사였다.

1888년 10월 23일 새벽에 고갱이 도착해서 마침내 노란 집을 방문했을 때, 그의 눈길을 사로잡은 것은 이렇게 벽에 가득 걸려 있던 반 고흐의 그림들이었다. 빽빽이 걸려 있는 그림을 보고 고갱은 잠깐 매료되었다. 남향인 창문으로 눈부신 햇살이 비쳐 들어오는 가을 아침이었다. 그러나 그것도 잠시였다. 고갱은 곧 엉망진창으로 어지럽혀져 있었던 반 고흐의 작업실을 보고 경악한다. 방 안은 온통 파이프 담배 냄새로 가득했고, 거기에 더해서 제대로 씻지 않아 땀 냄새도 코를 찔렀다. 날씨는 더웠지만 마땅히 목욕을 할 수 있는 곳이 없었기 때문에 반 고흐의 청결 상태는 그렇게 좋다고 말하기 어려웠다.

시각과 후각이 복합적으로 만들어내는 노란 집의 인상은 고갱을 묘한 느낌에 빠져들게 했을지도 모른다. 후일 고갱은 노란 집을 방문했던 감회에 대해 쓰면서 "충격을 받았다"라고 고백했다. "그의 물감 상자는 짜다 말고 마개도 닫지 않은 채 던져놓은 물감 튜브로 가득했다"라고 쓰기도 했다. 무질서한 반 고흐의 생활 태도에 대한 지적을 하는 게 비단 고갱만은 아니었다. 동생 테오도 항상 무절제하고 방탕한 반 고흐의 삶에 대해 불만이었다. 아무런 예고도 없이 빈센트는 파리에 있는 테오의 집을 방문

반 고흐, 「해바라기 열두 송이」, 캔버스에 유채, 92×72.5cm, 1888, 필라델피아 미술관

해서 한동안 같이 지냈는데, 그때 테오는 형 때문에 집이 더러워지고 어지
럽혀졌다면서 불평을 했던 것이다.

반 고흐는 기본적으로 청소를 하지 않았다. 고갱은 이런 반 고흐를
일컬어 '쓰레기를 뿜어내는 활화산'이라고 비유했다. 반 고흐의 일상은 이
처럼 질서보다는 무질서에, 정리정돈보다는 혼돈에 더 가까웠다고 하겠다.
물론 반 고흐의 작업실은 혼란스러웠지만, 고갱을 위해 반 고흐가 마련해
놓은 방은 사방으로 아름다운 정원이 내려다보이는 곳이었다. 창문은 마
치 아름다운 풍경화처럼 방을 장식하고 있었다.

그러나 정작 고갱의 눈길을 끈 것은 그 창문으로 비치는 풍경이었다
기보다, 그 창문 주변에 걸려 있던 반 고흐의 그림들이었다. 반 고흐와 결
별한 지 6년 뒤에 고갱은 아를에서 자신이 머문 방을 묘사하면서, "보랏빛
눈동자를 가진 해바라기가 노란 벽지를 배경으로 걸려 있었다"라고 회상
했다. 고갱이 노란 화병에 담겨 노란 탁자 위에 있던 해바라기에 대한 묘
사를 인상 깊게 펼치고 있다는 점에 주목할 필요가 있다. 그만큼 고갱에
게 반 고흐는 '해바라기의 화가'로 비쳤기 때문이다.

모든 것이 노란색으로 치장되어 있었던 노란 집에서 고갱은 노란색의
향연을 만끽하게 된다. 아침에 일어나면 노란 커튼 사이로 비쳐드는 아름
다운 햇살을 볼 수 있었고, 황금빛 향기를 뿜어내는 해바라기를 만날 수
있었다. 그러나 이런 고갱의 진술은 다소 사실과 다르다. 고갱이 묘사하고
있는 해바라기 그림 이외에 다른 해바라기 그림이 그 방에 있었기 때문이
다. 고갱이 이야기한 반 고흐의 해바라기 그림은 노란색 일색의 실험을 했

던 작품이었는데, 이외에도 다른 해바라기 그림이 있었던 것이다. 반 고흐의 해바라기는 꽃을 그린 정물의 전통을 완전히 깨어버리는 걸작이었다고 할 수 있다.

　　반 고흐가 해바라기 그림을 그린 까닭은 고갱의 방을 장식해주기 위함이었다. 고갱은 이런 반 고흐의 해바라기 그림을 좋아했다. 둘의 우정은 이렇게 좋은 출발선상에 놓여 있었던 셈이다. 반 고흐는 주도면밀하게 고갱의 방을 어떻게 장식할 것인지를 고민했다. 고민이 많아져 걱정이 일어날 정도였다. 마련한 방이 고갱에게 불쾌감을 줄지도 모른다고 생각했기 때문이다. 그러나 이런 우려는 기우로 끝났다. 고갱은 흔쾌히 반 고흐의 호의를 받아들인 셈이기 때문이다. 해바라기는 반 고흐와 고갱의 황금시대를 상징한다고 할 수 있다. 전통적 예술에 대항하는 새로운 예술운동을 꽃피우기에 이보다 더 좋은 소재는 없었을 것이다.

밤의 카페
반 고흐, 캔버스에 유채, 71×90cm, 1888, 예일 대학교 미술관

반 고흐는 아를에서 다양한 사물들을 그렸다. 꽃이나 나무는 물론, 자신이 읽은 책을 그리기도 했다. 반 고흐는 항상 무엇인가를 '읽는 사람'이기도 했다. 신문이나 잡지는 말할 것도 없고, 소설책도 즐겨 읽었다. 아를에서 그린 「세 권의 책」(87쪽)이라는 작품을 보면 독서에 빠져 있던 반 고흐의 생활을 짐작해볼 수 있다.

그림에서 보이는 노란 표지의 책들은 최신 소설 작품이었다. 반 고흐는 시간 있을 때마다 플로베르나 도데, 모파상의 소설을 읽었다. 그러나 반 고흐가 가장 열심히 읽은 소설가는 다름 아닌 에밀 졸라였다. 아를에 머무는 동안 반 고흐는 졸라의 소설에 등장하는 다양한 풍경들을 현실에서 발견할 수 있었다.

「밤의 카페」는 졸라의 소설 『목로주점』에 나오는 바로 그 정경을 연상

드가, 「압생트 한 잔」, 캔버스에 유채, 92×68cm, 1876, 오르세 미술관

시켰다. 인상파 화가들도 졸라의 소설에 영향을 받아서 압생트 취객들을 그리곤 했는데, 반 고흐 또한 예외는 아니었다. 「밤의 카페」는 졸라의 글을 연상시키는 드가의 「압생트 한 잔」보다도 더욱 실감 나게 그 분위기를 전달해준다고 할 수 있다.

반 고흐의 「밤의 카페」를 본 어떤 감상자는 '술 취해 그린 그림'이라고 짤막한 평을 남기기도 했는데, 이 그림에서 느낄 수 있는 분위기는 확실히 졸라의 소설에 등장하는 알코올 중독자의 삶과 무관하지 않은 것 같다. 심하게 왜곡되어 있는 공간감이 표현하는 것은 압생트 같은 독한 술을 마신 알코올 중독자의 시선을 그대로 드러내는 것이다. 물론 이런 시선과 반 고흐의 내면이 무관했다고 보기 어렵지만, 졸라의 소설에 등장하는 피폐한 노동자의 삶을 그려내기 위한 반 고흐의 기법에 주목하는 것도 이 그림을 감상하는 또 하나의 방식일 것이다.

반 고흐는 화가란 단순하게 살아야 한다고 생각했다. 파리에서 그랬던 것처럼 술을 많이 마시지는 않았지만, 미친 듯이 작업에 매달리면서 자신의 고독감을 떨쳐버리고자 했다는 것은 분명한 사실이다. 집 근처 공원에서 하루 종일 그림을 그리고 있는 반 고흐의 모습을 발견하는 것은 어렵지 않았다. 하루 생활이 이렇다 보니, 노란 집을 빌리고도 한동안 가구를 구입하지 못했다. 시간이 없는 이유도 있었지만, 반 고흐의 집착이 작용한 탓도 컸다. 반 고흐는 자기 주변 정리를 제대로 하지 못하는 반면, 뭔가에 꽂히면 집요하게 자신이 원하는 것을 이루고 마는 성미였다. 반 고흐는 노란 집을 문자 그대로 '화가들의 집'으로 만들고 싶었다. 그래서 그는 면밀하게 계획을 세워서 노란 집을 꾸미고자 했던 것이다.

따라서 「밤의 카페」를 그릴 무렵 반 고흐는 아주 계획적으로 행동하고 작업했다는 것을 알 수 있다. 막연하게 자신의 고독감을 표현하기 위해 이런 작품을 그린 것은 아니라는 뜻이다. 9월 9일 편지에서 반 고흐는 "모든 것을 계획해서 가구들을 구매했다"라고 말하는데, 이를 통해 알 수 있듯이, 반 고흐는 나름대로 자신의 목표를 가지고 노란 집을 빌린 것이라고 할 수 있다. 따라서 「밤의 카페」는 아를에서 작업에 몰두했던 반 고흐의 고독을 보여주지만 동시에 화가들과 함께 이룰 새로운 세계에 대한 희망을 암시하는 것이기도 하다.

이 세계는 있는 그대로 보이는 현실을 그리는 것이 아니라, 완전한 인공의 세계를 표현하는 것에 가까웠다. 이런 까닭에 그는 노란 집의 실내도 군더더기 없는 단순 구도로 꾸미고자 했다. 이를 두고 반 고흐는 '일본풍'이라고 부르기도 했다. 수도원처럼 검소하게 꾸며놓은 반 고흐의 방을 가득 채운 것은 그의 그림이었다. 그는 자신의 그림을 벽에 걸어서 장식품을 대신했다. 그러나 그의 그림들은 단순한 장식품에 그치는 것이 아니었다. 다양한 그림의 소재와 보색 대비 덕분에 그의 그림은 다채로운 의미들을 만들어냈다. 반 고흐가 자신의 주변을 이렇게 그림으로 장식하는 것은 창작열을 유지하기 위한 자구책이었다. 신문에서 발췌한 이미지와 각지에서 수집한 판화 들로 방을 장식하는 습관은 아를에서도 여전했다.

동네 주변을 그린 그림들은 명백하게 졸라와 화가 도미에를 연상시켰다. 도미에의 석판화는 반 고흐의 그림과 나란히 벽에 걸려 있었다. 그 외

반 고흐, 「세 권의 책」, 나무판에 유채, 31×48.5cm, 1887, 암스테르담 반 고흐 미술관

반 고흐, 「프랑스 소설」, 캔버스에 유채, 53×73.2cm, 1887, 암스테르담 반 고흐 미술관

에 그의 주변인을 그린 초상화가 숨겨진 사연들을 더했다. 고갱의 초상화가 여기에 빠질 리가 없었다. 물론 반 고흐가 고갱을 특별하게 생각한 것은 사실이지만, 궁극적인 목적은 화가들의 공동체를 만드는 것이었다. 그래서 그는 다른 동료 화가인 라발이나 베르나르도 아를에 올 것을 기대하고 있었다. 뿐만 아니라 반 고흐는 언젠가 동생 테오도 아를로 내려오게 해서 함께 살 마음을 품고 있었다. 과연 이런 반 고흐를 어떻게 이해해야 할까.

이런 반 고흐의 생각은 생뚱맞은 것이 아니었다. 당시 북유럽 곳곳에 물가가 저렴한 지역을 중심으로 예술가 공동체들이 생기고 있었다는 사실을 감안한다면, 아를에 '화가들의 집'을 마련하겠다는 반 고흐의 구상이 공상이라고만 할 수는 없었다. 그는 아를을 본거지로 해서 남유럽에 예술가 공동체를 만드는 임무를 자신이 수행할 수 있을 것이라고 굳게 믿었다. 정말 반 고흐다운 살신성인의 정신이라고 할 수 있겠다. 그러나 이 모든 것은 여전히 미완의 기획이었을 뿐이다. 반 고흐의 꿈이 실현되기 위해서는 고갱이 아를로 와야 했다. 그런데 막상 고갱이 아를에 도착하면서 상황은 반 고흐의 구상과 전혀 다르게 달려가기 시작했다. 이처럼 「밤의 카페」는 희망에 들떠 있던 만큼 그것이 깨어질지도 모른다는 불안감에 강렬하게 휩싸여 있던 반 고흐의 마음 상태를 간접적으로 보여주는 것이기도 하다.

아를의 여인—책과 함께 있는 지누 부인
반 고흐, 캔버스에 유채, 91×74cm, 1888, 뉴욕 메트로폴리탄 미술관

반 고흐는 아를에 있는 동안 미쳐버릴지도 모른다는 두려움에 떨었다. 고갱에 대한 반 고흐의 집착은 이런 공포와 무관하지 않았을 것이다. 고갱은 모든 행동과 말이 계산적이었던 반면, 반 고흐는 즉흥적이고 불안했다. 반 고흐는 세상과 불화할 수밖에 없는 사람이었고, 이로 인한 불안과 공포가 그에게 끊임없이 그림을 그리게 했다.

반 고흐는 하루도 그림을 그리지 않으면 불안해서 살 수가 없었다. 그림을 그리는 동안에는 아무것도 먹지 않았는데, 아를에서 이런 버릇을 고치려고 무던히 애를 썼다. 반 고흐는 규칙적으로 식사를 해서 체력을 회복해야 한다고 다짐했지만, 이런 다짐은 쉽사리 지켜지지 않았다. 음식을 먹지 않으면 몸이 상할 테고 더 이상 그림도 그릴 수가 없게 될 터였다.

집은 엉망이었다. 고갱이 도착해서 본 노란 집의 정경은 경악할 정도였다. 온갖 잡동사니와 쓰레기로 발 디딜 틈조차 없는 방에서 반 고흐는 매일 그림 그리기에 몰두했다. 미쳐버리지 않기 위한 몸부림이었다고 해도 과언은 아닐 것이다. 정리를 잘하지 못하는 것은 반 고흐의 마음 상태를 반영하는 것이라고 할 수 있다. 이렇게 방은 어지럽혀져 있었지만, 나름대로 깔끔한 구석도 갖추고 있었다. 하얀 벽에 파란 문은 서로 조화를 이루었고, 바닥은 지역에서 생산되는 빨간 타일로 마감되어 있었다. 원색의 대비가 명쾌하게 조화를 이룬 방이었던 셈이다.

어떻게 생각하면 이렇게 어지럽혀진 방과 말끔한 색채가 빚어내는 기이한 조합은 반 고흐의 조울증을 간접적으로 암시해주는 증거일지도 모르겠다. 반 고흐는 동생 테오에게 항상 마음의 병을 호소했고, 테오는 이런 형의 처지에 대해 항상 노심초사했다. 여러 사정을 감안해서 생각해보면, 테오는 고갱과 형의 관계가 그렇게 적절한 결과를 낳을 것이라고 예상하지 않았는지도 모른다. 고갱에게 중요한 사람은 형 빈센트였다기보다 동생 테오였다. 그가 보기에 테오는 미술 시장을 면밀하게 연구해서 자신을 촉망 받는 화가로 인정해준 '유능한 네덜란드 상인'이었다.

고갱은 친구에게 보낸 편지에서 "자신에게 훈풍이 불어오고 있다"라고 적었는데, 이런 낙관은 빈센트보다도 테오에 대한 믿음에 근거한 것이라고 할 수 있다. 실제로 테오는 고갱의 도자기 몇 점을 팔아 자금으로 제공하면서 고갱이 아를로 올 수 있는 결정적 조건을 만들어준 은인이었다. 반 고흐는 고갱의 도착을 기다리면서 카페 주인 지누의 부인을 모델로 그림을 그렸다. 이것이 바로 「아를의 여인」 연작이다. 지누 부인은 손님이 한

반 고흐, 「아를의 여인―우산과 함께 있는 지누 부인」, 캔버스에 유채, 93×74cm, 1888, 오르세 미술관

반 고흐, 「아를의 여인−지누 부인」, 캔버스에 유채, 60×50cm, 1890, 로마 국립현대미술관

반 고흐, 「아를의 여인—지누 부인」, 캔버스에 유채, 65×49cm, 1890, 크뢸러—뮐러 미술관

산한 시간에 반 고흐를 위해 모델을 자처했는데, 「아를의 여인」은 이런 호의 덕분에 탄생할 수 있었다.

　이 그림(90쪽)이 보여주는 지누 부인의 모습은 반 고흐 특유의 신비한 느낌을 자아내기 위한 장치를 잘 보여준다. 단순한 화면 구성은 선명한 색채 대비를 통해서 풍부한 의미를 생산한다고 할 수 있다. 특히 배경의 노란색은 지누 부인의 모습을 부각시켜서 주제 의식을 잘 드러내는 효과를 발휘한다. 노란색을 통해 돋보인 지누 부인은 가난한 화가들에게 아낌없이 친절을 베푸는 아를의 인심을 암시하는 것처럼 보이기도 한다.

　반 고흐는 후일 고갱이 그린 지누 부인의 초상(62쪽)을 복제하기도 했다. 반 고흐는 마음의 병 때문에 생 레미에 있는 정신병원에서 치료를 받으면서 목탄으로 데생해놓은 고갱의 그림을 참조해서 또 다른 「아를의 여인」(94, 95쪽)이라는 그림을 그렸다. 반 고흐는 이 그림의 제작 의도를 고갱에게 보내는 편지에서 다음과 같이 쓰고 있다.

　　자네의 그림을 따라 그린 「아를의 여인」 초상이 자네 마음에 들었다니 얼마나 기쁜지 모르겠네. 그 그림을 그릴 때 자네의 데생에 충실하려고 노력했지만, 다른 한편으로는 그 데생의 간결한 성격과 스타일에 다양한 색채를 부여하여 자유롭게 해석해 보려고 했네. 자네가 내 그림을 좋아했다면 그것은 우리가 함께 수개월 동안 작업하면서 아를 사람들의 특성을 합성해 낼 수가 있었기 때문이라고 생각하네. 「아를의 여인」은 합작품이라고 불러도 좋겠지. 한 달 동안이나 아프면서 그린 그림이지만 자네와 나, 그리고 몇 안 되는 사람만 이해할 수 있을 것 같네. 이곳에 있는 닥터 가셰라는 사람은 한두 번 머뭇거리더니 모든 것을 수긍하면서 "단순해진다는 것이 얼마나 어려운 일인가"라고 말하더군.

1890년 6월 17일경 고갱에게 쓴 편지에서 (원문에 충실하기 위해 번역을 수정함)

반 고흐는 자신이 그린 「아를의 여인」을 고갱과 함께 그린 '합작품'이라고 칭하면서 애착을 보이고 있다. 그리고 여전히 반 고흐는 고갱에게 자신의 마음을 이해해줄 것을 요청하고 있다. 이 편지에서 확인할 수 있듯이, 반 고흐는 후일 초상화를 그려주게 되는 의사 가셰를 만나서 마음의 병을 다스리고자 했다. 이와 별도로 「아를의 여인」에서 우리는 반 고흐가 얼마나 고갱에게 깊은 관심을 갖고 있었는지를 잘 알 수 있다.

씨 뿌리는 사람
반 고흐, 캔버스에 유채, 81×66cm, 1889, 개인 소장

반 고흐가 아를을 선택한 데는 별다른 이유가 없었다. 우연한 결정이었다는 것이 후대 역사가들이 내린 지배적 결론이다. 스쳐 지나가는 카페 모임에서 툴루즈 로트레크나 드가가 이 지역에 대해 잠깐 언급했을지도 모르지만, 알 수 없는 일이다. 툴루즈 로트레크는 남프랑스 출신이기 때문에 아를을 알고 있었겠지만, 반 고흐의 선택에 영향을 미쳤다는 기록은 발견할 수 없다. 다시 말해 반 고흐는 전적으로 마음 가는 대로 아를을 거처로 정했다고 할 수 있다.

그러나 굳이 반 고흐가 아를로 온 까닭을 따져 묻는다면, 이 지역 풍광이 네덜란드와 비슷하다는 점을 꼽을 수 있을 것 같다. 아를의 풍경은 반 고흐를 매료시켰다. 말하자면 이 지역은 네덜란드에서 나고 자란 반 고흐의 눈에 쏙 드는 자연 풍광을 제공했다는 것이다. 아를 역시 네덜란드

반 고흐, 「쟁기질을 끝낸 밭」, 캔버스에 유채, 71×90.5cm, 1889, 암스테르담 반 고흐 미술관

와 마찬가지로 습지를 개간해서 만든 넓은 평야 지대를 갖추고 있었다. 배수를 위해 16세기부터 운하를 파면서 아를은 습지로 둘러싸인 지형으로 변했던 것이다. 아를Arles이라는 이름 자체가 '습지의 마을'이라는 뜻이다.

　광활한 평야에 작열하는 태양은 반 고흐의 관심을 끌기에 충분했을 것이다. 그는 끝없이 펼쳐진 아를의 평야를 "영원함"이라고 표현했다. 반 고흐는 이 풍경을 배경으로 씨 뿌리는 사람의 모습을 그리고자 했다. 밀레에 깊이 감화를 받은 반 고흐다운 주제 선택이었다. 반 고흐가 씨 뿌리는 사람을 그릴 무렵, 아를의 날씨는 쾌청함 그 자체였다. 하늘은 구름 한 점 없이 맑았고, 기후는 온화했다. 이런 날씨는 반 고흐의 작업에 영향을 미쳤고, 이렇게 탄생한 것이 「씨 뿌리는 사람」이다. 강렬한 햇빛이 인상적이다. 그는 이 그림을 일컬어 "씨 뿌리는 사람과 평야에 대한 연구"라고 지칭했다. 쟁기질한 밭의 모습을 적절하게 묘사하기 위해 고심한 흔적이 역력하다.

　반 고흐는 고갱이 아를로 온 첫날에 「씨 뿌리는 사람」을 그리기 시작했다고 한다. 이 그림을 보고 있으면 고갱의 도착과 더불어 시작될 새로운 삶에 대한 기대가 넘쳐나는 것 같다. 이 밭은 타라스콘으로 가는 길가에 있는 것으로 추정되는데, 이 길은 노란 집 옆으로 뻗어 있었다. 반 고흐는 1888년에 이 길 주변의 풍경을 반복적으로 그렸다. 「쟁기질을 끝낸 밭」도 그렇게 탄생한 작품이다. 「쟁기질을 끝낸 밭」과 「씨 뿌리는 사람」에 나오는 배경은 사실 같은 곳인 셈이다.

　농부가 씨를 뿌리는 광경을 담고 있는 「씨 뿌리는 사람」은 예술가의

밀레, 「씨 뿌리는 사람」, 캔버스에 유채, 106.6×82.6cm, 1850, 보스턴 미술관

길을 걷고자 그림을 선택한 반 고흐의 인생철학을 보여주는 것이기도 하다. 씨를 뿌린다는 것은 상징적으로 복음주의적인 의미를 내포하고 있는데, 이를 통해서 알 수 있듯이, 반 고흐는 예술 행위를 못 다한 목자의 길과 동격으로 놓았다고 말해도 과언은 아닐 것이다. 그에게 그림은 세상을 널리 이롭게 하기 위해 씨를 뿌리는 행위와 같은 것이었다.

그는 유쾌한 심정으로 여름 동안 「씨 뿌리는 사람」을 그렸다. 그러나 이런 노력이 무색하게 이 그림은 그에게 실패작으로 남았다. 반 고흐는 여전히 마음속으로 씨 뿌리는 사람을 제대로 그려내겠다는 욕심을 갖고 있었다. 「씨 뿌리는 사람」은 반 고흐가 본격적으로 고갱의 영향을 받기 전에 내면화하고 있던 하나의 세계를 보여준다. 어떻게 보면 반 고흐는 「씨 뿌리는 사람」에서 자신의 과거와 결별할 준비를 하고 있었던 것인지도 모른다. 반 고흐가 결별하고자 했던 것은 「감자 먹는 사람들」부터 이어져온 세계였다. 밀레의 영향에서 벗어나고자 했던 반 고흐의 시도는 고갱을 만나서 화려한 색채를 입게 되는 것이다. 테오에게 보내는 편지에서 그는 이런 심경을 솔직하게 고백했다.

밀레의 「씨 뿌리는 사람」은 색이 없는 회색으로 이스라엘스의 그림 같아. 그런데 「씨 뿌리는 사람」을 색으로는 그릴 수 없을까. 노란색과 보라색의 대조로 가령 들라크루아의 아폴론 천장화의 노란색과 보라색처럼 그릴 수 있을까, 없을까? 물론 가능해. 그럼 그렇게 그려보자.

1888년 6월 28일 테오에게 쓴 편지에서

그러나 결과는 신통하지 않았다. '몽유병자'처럼 '추상파'가 되어버린 그림에 반 고흐는 만족하지 못했던 것 같다.

반 고흐와 고갱을 일방적으로 비교한다면 고갱은 너무 냉정한 사람처럼 보일지도 모른다. 그러나 고갱은 현세에 밝았고, 그런 면에서 반 고흐를 압도하는 측면이 있었다. 아를 체류 기간 후반에 그린 반 고흐의 걸작들은 고갱의 영향을 받지 않았다면 결코 나올 수 없었다. 강렬한 색채와 심적 상태를 직접적으로 표현하는 방식은 분명 고갱의 작품 세계를 빼놓고 생각하기 어려운 것이다. 따라서 반 고흐가 고갱을 만난 것은 개인적으로 불행이었지만, 예술의 관점에서 본다면 반드시 잘못된 것만은 아니었다고 하겠다.

아를의 풍경에 찬탄했던 반 고흐와 달리 고갱은 습지로 둘러싸인 저지대의 모습에 별로 감흥을 느끼지 못했다. 반 고흐는 고갱에게 브르타뉴와 아를의 차이에 대해 물었고, 두 화가는 이 화제를 놓고 자주 대화를 나누었다. 고갱에게 보내는 편지에서도 반 고흐는 다음과 같이 당부한다.

사실 나는 자네가 브르타뉴 쪽을 아름답다고 생각할지 모른다는 점에서 걱정이네. 자네가 여기에서 도미에적인 것보다 아름다운 것을 전혀 발견하지 못할까봐 그렇다네. 이곳 인물들은 종종 너무나 도미에적이기 때문이지.

1888년 10월 3일 고갱에게 쓴 편지에서

고갱, 「브르타뉴 풍경—퐁타방의 물레방아」, 캔버스에 유채, 73×92cm, 1894, 오르세 미술관

오노레 도미에, 「삼등 열차」, 종이에 수채물감·잉크·목탄, 20.3×29.5cm, 1864, 월터스 미술관

도미에는 19세기 프랑스 정치를 풍자한 시사만화로 유명한 화가이다. 그의 그림은 사후 근대미술에 인상주의 기법을 도입하는 데 이바지했는데, 마네의 초기 그림에서 이런 영향을 읽을 수 있다.

아를이 고갱의 마음에 들지 않을까 노심초사한 반 고흐의 걱정은 현실이 되었다. 고갱은 브르타뉴의 풍경을 훨씬 순수하고 뚜렷하다고 말하면서 남부의 풍경을 주름지고 검게 그을린 것 같다면서 탐탁하지 않게 여겼다. 반 고흐의 입장에서 본다면 다소 실망스러운 견해였지만, 그래도 그는 고갱을 신뢰했기에 크게 문제 삼지 않았다. 고갱의 재능이라면 달라진 환경에 쉽게 적응할 것이라고 생각했기 때문이다. 특히 고갱이 아를의 여인들에게 관심을 가질 것으로 기대했다. 반 고흐가 고갱에게 관심을 갖게 된 것도 그의 호방한 여성 편력 때문이었으니 이런 기대를 하는 것은 당연한 일이었다.

고갱은 아를의 여인들 사이에서 인기를 끌었다. 유부남이었지만 고갱은 아내에게 충실한 남편은 아니었다. "아내와 사이가 좋지 않은 것 같다"라는 반 고흐의 판단은 틀리지 않았다. 겉보기에도 고갱은 반 고흐와 대조적인 존재였다. 이런 의미에서 반 고흐의 「씨 뿌리는 사람」은 당시 고갱의 정착을 염려하면서도 새로운 작품 세계로 나아가기 위해 부단히 노력했던 반 고흐의 마음을 잘 보여주는 작품이기도 하다. 떠오르는 태양을 새롭게 그리고자 했던 반 고흐의 실험은 비록 실패했지만, 그 열정은 후일 우리에게도 익숙한 걸작으로 다시 돌아올 것이었다.

인간 비극
고갱, 캔버스에 유채, 73×92cm, 1888, 덴마크 샤를로텐룬트

고갱과 반 고흐가 아를로 올 수밖에 없었던 까닭은 다른 무엇보다도 금전적인 문제 때문이었다. 반 고흐는 평생토록 자신의 그림을 제대로 팔아 본 적이 없었다. 동생 테오가 그의 그림을 팔려고 노력했지만 구매자는 선뜻 나서지 않았다. 그러나 고갱은 달랐다. 그림이 팔렸던 것이다. 테오가 고갱을 지원하기로 결심할 수 있었던 것은 이 때문이었다. 반 고흐 형제는 만성 우울증에 시달렸는데, 이런 까닭에 항상 곁에 뜻을 나눈 동지를 두어야 마음이 놓였다. 고갱이 경솔하게 불평했던 "피도 눈물도 없는 네덜란드 상인"은 속 깊은 슬픔에 휩싸여 있었던 셈이다. 앞서 말했듯이, 반 고흐의 꿈은 유망한 젊은 화가들을 불러 모아서 화가 공동체를 만드는 것이었고, 형에 대한 테오의 지원도 이런 꿈을 공유했기에 가능한 일이었다.

　　반 고흐의 우울증은 경제적 어려움으로 인해 가중되었다고 볼 수도 있다. 자본주의는 결코 예술가에게 쾌적한 체제는 아니다. 반 고흐 형제가 예술가 공동체를 만들어보겠다는 의지를 품게 된 것은 '그림'에 대한 애정 때문이었다고 할 수 있다. 이들도 남들처럼 사회에서 성공적인 삶을 살고 싶었겠지만, 멈출 수 없는 예술에 대한 열정이 편안한 삶에 안주하지 못하게 만들었던 것이다. 고갱은 예술을 이해하지 못하는 자신의 아내에게 보낸 편지에서 "그림은 나의 자본이지만, 아직 이 세상은 이 자본의 가치를 평가해주지 않는다"라고 고백했는데, 반 고흐 역시 이런 고민에 깊이 빠져 있었다.

반 고흐는 제값 받고 그림을 팔아본 적이 없는 화가였다. 친구와 돈 몇 푼에 그림을 맞바꾸거나 아니면 공짜로 선물하는 것이 다반사였다. 그러나 이런 그림을 그리기 위해 그는 삶의 모든 에너지를 쏟아부었다. 테오는 형 빈센트가 과도한 작업으로 건강을 해칠까봐 걱정했다. 빈센트는 일단 작업에 몰두하면 식음을 전폐하는 버릇이 있었고, 감정 기복도 심해서 일이 잘 풀리지 않을 때는 독한 압생트를 마구 들이켜곤 했다. 아를에서 그는 이런 자신의 습관을 고치고자 노력했는데, 동생 테오에게 보낸 편지 가운데 규칙적인 식사를 하기 위해 노력 중이라는 내용이 자주 등장하는 것을 보면 이를 짐작할 수 있다. 그가 동생에게 쓴 편지를 보면, 마치 아버지에게 기숙사 생활을 보고하는 아들처럼 느껴질 정도이다.

그러나 테오가 보낸 돈은 고스란히 부채이기도 했다. 아무리 동생이라고 해도 테오와 빈센트는 화상과 화가로서 계약관계를 맺고 있었다. 따라서 형은 동생에게 빚을 어떻게 갚아야 할지 막막하기만 했다. 반 고흐가 아를로 가게 된 데는 불어나는 빚을 더 이상 감당할 수 없었기 때문이기도 했다. 반 고흐는 열심히 그림을 그려서 빚을 탕감하고자 했지만 그림은 팔리지 않았다. 반 고흐가 죽었을 때, 대다수 작품들이 그의 집에서 발견되었다는 사실이 이를 잘 말해준다. 자신의 그림을 이토록 많이 보유했던 화가는 피카소 이외에 찾아보기 힘들다. 단, 피카소는 자신의 그림이 고가였기 때문에 갖고 있었던 것이지만, 반 고흐는 정반대였다. 시장에서 팔리지 않았기 때문에 물건을 창고에 쌓아둘 수밖에 없었던 것이다.

간간이 그림이 팔리는 행운을 맞긴 했지만 고갱 역시도 반 고흐보다 형편이 크게 나을 것은 없었다. 고갱이나 반 고흐나 절대적으로 바랐던 소망은 그림을 팔아서 먹고사는 일이었다. 그러나 그것은 거의 불가능한 일이었다. 그리고 반 고흐와 고갱이 파리에서 생활하던 당시는 프랑스의 경제 위기가 최고조로 달한 시기였다. 경제적으로 궁핍했지만, 반 고흐는 그림에 대한 고집을 버리지 않았다. 최고의 그림물감을 써야 한다는 신조를 지키기 위해 그는 아무리 돈이 없어도 물감만큼은 비싼 것을 샀다. 밥을 굶더라도 그림물감은 좋은 것을 써야 한다는 것은 곧 표현에 대한 욕망을 드러내는 것이기도 하다.

고갱과 반 고흐가 아를에서 서로에게 깊은 영향을 주고받았다는 점에서 둘의 만남은 과소평가할 수 없다. 삶은 비참했고, 한치 앞을 내다볼 수 없는 막막한 가난의 시간이었지만, 이들은 함께 작업할 수 있었기에 잠시 마음을 놓았다고 할 수 있다. 오늘날 남아 있는 그들의 그림을 눈여겨보는 관객이라면 이 시기에 그려진 두 화가의 그림들이 대체로 주제의식

반 고흐, 「붉은 포도밭」, 캔버스에 유채, 75×93cm, 1888, 모스크바 푸시킨 미술관

을 공유하고 있다는 것을 알 수 있다. 아를의 여인을 공동으로 그린 것들은 말할 것도 없고, 비슷한 풍경들을 두 화가가 사이좋게 묘사하고 있는 것을 쉽게 발견할 수가 있다. 고갱이 그린 「인간 비극」도 그렇다고 하겠다. 반 고흐의 「붉은 포도밭」을 연상시키는 이 그림의 원제도 「아를의 포도 수확-인간 비극」이었다는 것을 상기할 필요가 있다.

반 고흐의 「붉은 포도밭」은 「씨 뿌리는 사람」과 마찬가지로 실제의 풍경을 그린 것이라기보다 성서의 내용을 상징적으로 표현한 것이라고 볼 수 있다. 프로테스탄트적인 세계관이 물씬 풍기는 이 상징을 반 고흐는 유토피아에 대한 열망으로 그려내고 있다. 그러나 고갱은 비슷한 주제를 '인간성 자체의 비극'이라는 현실적 문제로 치환해서 보여주고 있다는 점에서 흥미롭다. 반 고흐의 유토피아주의가 고갱에게 오면 실존적인 비극성으로 드러나고 있는 것이다. 고갱은 「인간 비극」에서 쭈그리고 앉아 있는 여성을 일컬어 "공허한 존재"라고 언급하지만, 구체적인 설명을 덧붙이고 있지는 않다. 반 고흐는 이 그림에 대한 찬사를 아끼지 않았다. 종교적 주제를 전혀 종교적이지 않게 표현했다고 생각했기 때문이다. 같은 시기에 그려진 두 화가의 그림을 보고 있으면 인상파의 리얼리즘을 극복하기 위한 이들의 노력이 무엇을 의미했는지 잘 보여준다고 할 수 있다. 그것은 곧 마음을 그리는 것이었다.

예술가의 초상
반 고흐, 캔버스에 유채, 35.1×44.1cm, 1887, 오르세 미술관

반 고흐와 고갱이 아를에서 작업을 시작할 무렵 화가들 중에 그나마 그림으로 생계를 이어갈 수 있었던 이는 모네나 드가 정도였다. 물론 점차 인상파 화가들의 그림에 대한 관심이 높아지고 그림 가격이 올라가기도 했지만, 대체로 인상파 화가들의 그림을 사는 구매자들은 싼값에 사서 값이 오르기를 기다리다가 팔아치우는 방식을 택했기 때문에 안정적인 가격 형성을 기대하기 어려웠다.

구매자와 화가 들은 서로 원하는 가격을 받기 위해 종종 신경전을 벌였다. 반 고흐와 고갱은 이런 원칙을 잘 이해하고 있었다. 이들을 아무런 생각 없이 그림만 그리던 숙맥으로 알면 오산이다. 나름대로 자본주의 시장의 원리를 이해하고 그 대책을 고민했던 것이다. 반 고흐는 훌륭한 그림을 발견하는 것은 다이아몬드를 찾아내는 것만큼이나 어렵다고 말하면서

반 고흐, 「펠트 모자를 쓴 자화상」, 캔버스에 유채, 44×37.5cm, 1887, 암스테르담 반 고흐 미술관

한 점의 그림을 완성하기 위해 화가는 너무 많은 고통과 시련을 감내해야 한다고 탄식했다.

이런 화가의 고통은 곧바로 그 화가의 그림을 파는 화상의 어려움으로 이어지게 마련이었다. 당시 유명한 화상이었던 뒤랑-뤼엘은 말할 것도 없고, 동생 테오 역시 이런 문제를 절실하게 느끼고 있었다. 물론 이런 빈센트 반 고흐의 생각은 불안한 영혼 때문에 종종 현실의 탈출구를 찾지 못하곤 했다. 테오의 우려도 다스리기 힘들었던 빈센트의 마음과 무관하지 않았다. 이런 문제를 해결하기 위한 빈센트 반 고흐의 대책은 의외로 간단하면서 구체적이었다.

> 고갱도 나도 앞날을 생각해야 해. 이슬을 피할 지붕 아래에서 잠들 수 있고, 평생 계속될지도 모르는 실패를 이기기 위한 필수품을 얻기 위해 일해야 해. 그리하여 비용이 가장 싼 곳을 찾아 정착해야 해. 그러면 설령 그림이 거의 팔리지 않는다 해도 작품 제작에 필요한 평화를 확보할 수 있어.
>
> 1888년 8월 14일경 테오에게 쓴 편지에서

반 고흐의 제안은 단순했다. 드가나 모네처럼 조금 잘 팔리는 인상파 화가들이 앞장서서 캔버스 같은 것을 기부하고 그림을 팔아서 생기는 수익을 모두 함께 모아서 공평하게 분배하자는 것이었다. 이런 생각이 독창적인 것은 아니었다. 반 고흐가 이런 구상을 하던 당시에 비슷한 방식으로 협동조합을 만들려는 움직임들이 있었다. 역사적으로 코뮌주의가 그랬던 것처럼, 반 고흐의 계획도 실현되려면 다른 이들의 마음을 움직여야 했다. 고갱은 반 고흐에 비해서 훨씬 세속적이었다는 사실을 상기할 필요가 있다.

고갱은 반 고흐의 복안을 아예 쓸모없다고 생각하지는 않았다. 그랬다면 그가 아를에서 잠시나마 반 고흐와 함께 새로운 예술운동을 해야겠다고 결심하는 일 따위는 없었을 것이다. 고갱의 생각은 반 고흐의 판본을 자본주의적인 경제 논리에 맞춰서 제시한 것이라고 할 수 있다. 고갱은 반 고흐와 달리 이미 입지를 이룬 화가들의 윤리보다도 자본주의 시장경제 원리를 더 신봉했다. 고갱은 관객들이 무명의 화가들에게 주식 투자처럼 작은 돈들을 투자해서 그 화가의 그림이 높은 값에 팔리면 그 수익률을 투자 대비로 분배하는 방식을 제안했다. 전직 주식중개인다운 복안이었다고 할 수 있다. 이런 자신의 생각에 엄청난 자부심을 드러냈던 고갱의 태도에서 짐작할 수 있듯이, 고갱이나 반 고흐나 모두 비슷한 생각을 가지고 있었다. 이들은 방식이야 어떠하든, 공통의 이해관계를 충족시키기 위한 집단적인 노력의 필요성을 고민했던 것이다. 물론 고갱의 생각은 반 고흐에 비해 훨씬 현실 타협적이었기에 다른 사람들의 의견을 받아들일 여지가 있었지만 말이다.

반 고흐 형제가 화가와 화상으로 각각 나서게 된 것은 우연한 일이라고 보기 어렵다. 반 고흐 집안은 대대로 화상의 전통을 가지고 있었다. 그러나 이런 혈통을 이어받은 것은 동생 테오였지 빈센트가 아니었다. 빈센트 반 고흐는 그림을 사고파는 일에 큰 관심을 보이지 않았다. 오히려 그는 그림을 그리고 싶어했던 것이다. 화상의 길을 중도에 포기했던 형과 달리 테오는 열여섯 살 되던 해부터 화상의 길로 나선 이후 차근차근 경력을 쌓아갔다. 자연스럽게 그는 당시에 최고의 그림 시장을 형성하고 있던 파리로 거처를 옮겼다. 서른세 살이 되면서 테오는 명성을 얻기 시작했다. 특히 그의 관심사는 막 부상하기 시작한 인상파를 비롯한 아방가르드 예술의 실험성에 있었다.

파리에서 화상으로 성공한
테오 반 고흐

비록 화상이라는 직업에 관심은 없었지만, 빈센트 역시 그림 시장의 동향을 본능적으로 파악하고 있었다는 것을 부정하기 어렵다. 동생에게 예고도 없이 파리로 온 까닭도 좀 더 넓은 시장에서 자신의 재능을 펼쳐보겠다는 생각이 있었기 때문이었다. 화상이 아닌 화가의 야망을 품고 다시 파리에 왔을 무렵만 해도 반 고흐는 파리 예술계에서 낯선 존재였다. 그러나 때 묻지 않은 반 고흐의 작품은 파리에 있던 동료 화가들의 관심을 조금씩 끌기 시작했다. 그의 주변으로 몇몇 실험적 예술가들이 모여들자, 반 고흐는 자신의 꿈을 실현시킬 수 있는 발판을 마련했다고 생각했다. 아를로 이주할 때까지 반 고흐는 이런 희망을 버리지 않았다. 1887년에 그려진 자화상 「예술가의 초상」에서 새롭게 맞이한 예술 세계에 대한 경이로운 시선을 발견하는 것은 어렵지 않다.

고갱의 의자
반 고흐, 캔버스에 유채, 91×72cm, 1888, 런던 내셔널 갤러리

반 고흐만큼 의자를 많이 그린 화가도 없을 것이다. 야외 풍경을 즐겨 그린 반 고흐이지만, 노란 집의 실내를 장식하기 위해서 작은 소품 그림들도 많이 제작한 것으로 유명하다. 처음 노란 집을 꾸밀 때 반 고흐는 고갱이 도착할 때까지 해바라기 그림을 그려서 방의 벽면을 장식했다. 그다음에는 집배원이나 농부의 초상화를 그렸다. 그다음에는 노란 집 주변의 풍경을 화폭에 담았다. 자주 가던 카페나 노란 집의 정경을 그린 작품들은 이렇게 세상에 나오게 된 것이다.

반 고흐가 그린 「고갱의 의자」는 신비로운 느낌을 자아낸다. 화려한 색으로 치장된 카펫 위에 놓인 고갱의 의자는 가스등으로 불을 밝힌 실내와 어우러져서 묘한 조화를 이룬다. 그러나 고갱은 그 의자에 앉아 있지 않다. 대신 노란 책 두 권과 불을 밝힌 촛대가 놓여 있다. 다소 괴이쩍은 분위기마저 풍긴다. 가스등이 켜져 있는 것으로 보아 초저녁이거나 밤을 배경으로 한 작품이라는 것을 알 수가 있다. 반 고흐는 과감한 붓 터치를 활용해서 푸른색으로 의자의 그림자를 표현하는 한편, 팔걸이에 비친 가스등의 불빛을 강렬한 노란색으로 강조했다.

의자에 놓여 있는 촛불은 고갱에 대한 반 고흐의 경외감을 나타내고 있는 것처럼 보인다. 고갱에 대한 반 고흐의 마음이 일방적이긴 했지만 고갱 덕분에 반 고흐의 그림에도 큰 변화가 왔다는 것을 부정하기 어렵다. 마찬가지로 고갱 또한 처음에는 반 고흐에게 기본적인 신뢰를 갖고 있었다. 가난에 시달렸던 고갱에게 반 고흐는 갑자기 나타난 구원의 천사 같은 존재이기도 했다. 물론 그 존재는 테오와 빈센트라는 이중성을 띠는 것이긴 했지만, 그림을 자신의 유일한 '자본'이라고 생각했던 고갱에게 자신의 가치를 알아주는 드문 사람들이 바로 반 고흐 형제였던 셈이다.

고갱은 친구에게 보내는 편지에서 "자신의 그림을 싸게 넘기는 것은 좋은 생각이 아니라고 반 고흐가 충고했다"라는 진술을 하고 있다. 이를 보더라도 반 고흐는 고갱에게 그림의 판매에 관한 한 조언을 해줄 수 있는 지인이었다고 할 수 있다. 마음이 불안에 잠식되지 않았을 때 반 고흐는 고갱에게 충고도 해줄 만큼 여유로운 구석도 있었던 것이다. 따라서 자신의 삶을 제대로 살아내는 것이 버거웠던 반 고흐가 이렇게 고갱에게 헌신적인 애정을 표현한 것은 심리학적으로 연구해볼 만한 일이라고 할 수 있다. 반 고흐는 고갱으로 인해 삶의 중심을 잡을 수 있었던 것이고 마음의 안정을 얻을 수 있었다. 그러나 고갱이 근본적으로 이 관계를 교환의 문제로 보았다면 반 고흐는 교환할 수 없는 우정의 문제로 판단했다는 것을 간과할 수는 없을 것이다.

여하튼 고갱은 자신의 그림이 너무 싸게 팔릴까봐 늘 노심초사했다. 그림 시장에서 부르는 호가가 그 화가의 권위를 대변해주기도 하기 때문에 헐값으로 자신의 그림이 팔리는 것은 화가에게 재난 상황 같은 것이라고 할 수 있다. 어쨌든 이런 고갱의 집념은 테오를 만남으로써 불식될 수 있었다. 테오는 그의 가치를 알아주는 드문 화상이었고, 그 뒤에는 반 고흐라는 강력한 추천인이 있었다.

테오로부터 받은 선수금 500프랑으로 고갱은 밀린 부채를 탕감할 수 있었다. 이 돈은 고갱이 만든 도자기를 판돈이었다. 아를에 도착한 지 얼마 지나지 않았기 때문에 고갱의 여독은 여전히 풀리지 않았지만, 편지에서 그는 노란 집의 환경에 대체로 만족한다는 소견을 피력하고 있다. 고난의 삶을 접고 고갱도 화가들의 공동체라는 일시적 평화에 몸을 맡기는 여유를 갖고 싶었던 것일까. 처음에 그 시작은 순조롭게 보였다.

반 고흐가 그린 「고갱의 의자」는 이런 정황을 간접적으로 보여준다. 홀로 타오르는 촛불은 고갱과 함께 엮어갈 새로운 화가 협동조합의 앞날을 위한 다짐처럼 보이기도 한다. 매일 보는 벽에 걸기 위해 그려진 그림이라는 사실을 감안한다면, 고갱과 함께 만들어갈 미래에 대한 희망이 반 고흐의 마음에 차고 넘쳤다는 사실을 알 수 있을 것이다.

고갱 역시 반 고흐 못지않게 집 꾸미기를 좋아했다. 원래 떠도는 영혼을 가진 존재일수록 정착에 대한 갈망도 큰 법이다. 화가의 길을 걷고

반 고흐, 「파이프가 놓여 있는 의자」, 캔버스에 유채, 93×73.5cm, 1888, 런던 내셔널 갤러리

싶은 충동이 그의 삶을 걷잡을 수 없는 격랑에 빠지게 만들었지만, 아내와 함께 살 때 고갱은 손수 가구들을 디자인해서 제작하곤 했다. 브르타뉴에서도 마찬가지로 그는 작업실을 아담과 하와의 성서 이야기를 소재로 삼은 다양한 벽면 장식을 만들어서 치장하곤 했다. 이렇게 어떤 면에서 '가정적인' 두 사람이 만났으니 노란 집은 한층 더 화려하게 변신할 수 있었을 것이다.

그러나 정작 노란 집을 가득 메운 것은 반 고흐의 그림이었고, 고갱의 그림은 「자화상, 레 미제라블」 한 점이 걸려 있었을 뿐이다. 이 불균형에서 잠깐 의기투합했던 두 사람의 불일치성을 발견할 수 있을 것 같다. 고갱의 의자에 놓여 있는 촛불은 그렇게 언제 꺼질지 모를 위태로움을 감추고 있는 것이기도 했다. 바람이 불면 부서질 관계를 유지시켰던 것은 말할 것도 없이 예술적 열정이었다. 그 열정이 타오르는 한 두 화가의 작업은 서로에게 깊은 공감의 힘으로 작용할 수 있었다.

파이프를 물고 밀짚모자를 쓴 자화상
반 고흐, 캔버스에 유채, 42×30cm, 1888, 암스테르담 반 고흐 미술관

처음 아를에서 함께 살기 시작하면서 반 고흐와 고갱은 계획적으로 한 달 씀씀이를 가늠했다. 테오가 보내오는 돈을 쪼개서 세목별로 적절하게 분배를 하자는 것이 취지였다. 흥미롭게도 지출 항목 중에 빠질 수 없었던 것이 바로 파이프 담배였다. 당시에 파이프 담배는 궐련과 달리 보헤미안과 프롤레타리아를 상징했다. 한국으로 치자면 과거에 말아서 피우던 풍년초가 바로 파이프 담배였던 셈이다. 요즘도 유럽이나 미국은 이렇게 저렴하게 말아 피우는 담배가 인기를 누리고 있는데, 단순하게 가격 때문에만 궐련을 기피하는 것처럼 보이지는 않는다. 말아 피우는 담배가 주는 특별한 문화적 상징성을 무시할 수 없는 것이다. 한 달 씀씀이에서 중요한 위치를 차지할 만큼 반 고흐나 고갱 모두 담배 없이는 살 수 없는 골초였던 것은 사실이다. 고갱이 그냥 담배를 즐겼다고 한다면, 반 고흐는 파이

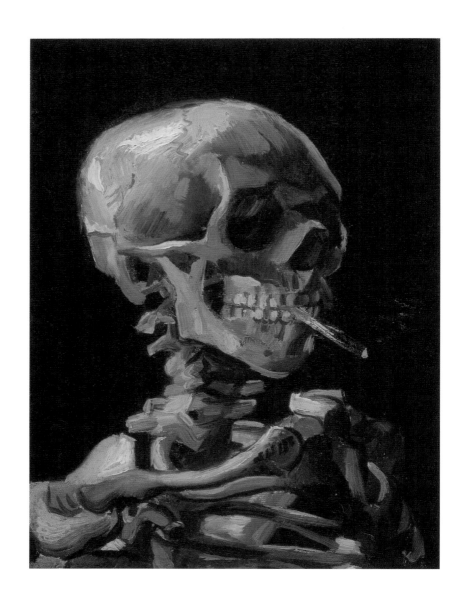

반 고흐, 「담배 피우는 해골」, 캔버스에 유채, 32×24.5cm, 1885, 암스테르담 반 고흐 미술관

프 담배에 담긴 문화적 의미를 자각하고 화폭에 즐겨 담았다.

초기작으로 유명한 「담배 피우는 해골」은 반 고흐가 명백하게 담배의 함의를 이해하고 있었다는 사실을 말해준다. 죽음을 상징하는 해골이 담배를 피우고 있다는 화제畵題를 선택했다는 것 자체가 이를 증명하는 것이다. 이 해골 그림을 그릴 때만 해도 반 고흐는 죽음 충동에 자신을 내맡기고 있었다. 검은 색조로 가득한 초기작에서 반 고흐는 고통스러운 노동자나 농민의 일상을 우울한 분위기로 묘사하곤 했다.

반 고흐가 담배의 의미에 충실한 애연가였다면, 고갱은 진짜 담배 맛에 사로잡힌 중독자였다. 담배를 피우지 않으면 우울증에 빠질 정도로 고갱은 흡연을 즐겼다. 커다란 항아리에 담배를 가득 채워놓고 쉴 새 없이 피워대는 것이 고갱의 습관이었다. 브르타뉴에 있을 때도 담배가 떨어지면 의기소침해져서 작업을 하지 못할 정도였다. 담배는커녕 물감 살 돈도 없던 고갱이 할 수 있는 일은 문하생들에게 넌지시 담배 항아리를 채워놓도록 암시를 주는 것이었다.

이런 고갱에게 처음 아를의 생활은 행복하기 그지없는 일이었다. 한 달 생활비에서 쪼개 담뱃값을 정해놓는 것이 더할 나위 없이 만족스러웠던 것이다. 고갱은 훨씬 효율적으로 담배를 구입할 수 있었고, 반 고흐 또한 이에 대해 다른 의견을 가질 이유가 없었다. 반 고흐는 이런 고갱의 모습을 보면서 흐뭇하게 여겼을 것이 틀림없다. 「파이프를 물고 밀짚모자를 쓴 자화상」을 보면 파이프 담배에 대한 반 고흐의 생각을 짐작할 수 있을 것 같다. 거친 붓 터치로 표현해놓은 반 고흐의 자화상은 반 고흐가 어떤 모습으로 야외 작업을 다녔는지를 알 수 있게 해준다. 자신이 즐겨 그렸던 농부의 모습 그대로 반 고흐는 자화상을 그려놓았다.

이 자화상에 등장하는 반 고흐의 모습은 보헤미안이자 프롤레타리아이다. 어떤 전통적 기법에도 구애받지 않는 자유로운 표현이 잘 드러난다. 반 고흐는 이 그림 이외에도 파이프 담배를 피우는 자화상을 그렸다. 고갱과 빚어진 불화로 끝내 자신의 귓불을 자르는 극단적인 선택을 한 뒤에 붕대를 감고 있는 모습을 그린 자화상(189쪽)이 그것이다. 이 그림에서도 반 고흐는 파이프 담배를 피우고 있다. 파이프 담배가 얼마나 마음에 들었으면 반 고흐는 의자 위에 놓인 파이프를 그리기도 했다. 「파이프가 놓여 있는 의자」(124쪽)가 바로 그 작품이다.

이들이 생활비로 파이프 담배만 사 피운 것은 아니었다. 집세를 내거나 식비를 지출하는 것이 주요 내역이었다. 특기할 만한 일은 정기적으로 브로델(매음굴)에 드나드는 것도 항목에 포함되어 있다는 것이다. 고갱은 매음녀를 찾아가는 행위를 건강을 위해 '좋은 일'이라고 말했다. 고갱의 발언이 말해주는 것은 무엇일까. 이미 일찍부터 성이 건강 담론과 결합해 있었다는 사실을 보여주는 것이다. 고갱과 반 고흐는 정신분석의 창시자 프로이트와 동년배였다. 성욕의 해소를 중요하게 생각했다는 점에서 이들은 프로이트의 생각을 이미 실천하고 있었던 셈이다.

고갱은 담배는 지독하게 피웠지만, 술을 좋아하진 않았다. 고갱의 미덕은 여기에 있었다. 이와 대조적으로 반 고흐는 담배든 술이든 극단적으로 자신을 괴롭히는 유형이었다. 고갱의 주량은 코냑 한 잔 이상을 넘어가지 못했다. 그것도 맛을 보는 것이 목적이었지, 마시고 취할 요량은 아니었다. 이런 고갱과 달리, 반 고흐에게 술은 담배 못지않은 위안이자, 문제의 핵심이었다. 파리에 있을 때 반 고흐는 거의 술에 절어 살았다. 오죽했으면 자기 자신이 알코올이 되어간다고 말했을까. 그러나 아를에 와서 반 고흐는 마음잡고 절주를 선언했다.

　　작업량이 늘어날수록 테오가 보내주는 생활비도 늘었고, 그래서 이들은 더 많은 돈을 쓸 수 있게 되었다. 그러나 반 고흐는 종종 정신적인 문제를 호소했고, 불안과 공포가 엄습할 때는 미친 듯이 작업에 몰두했다. 자기 한 몸 챙기기도 힘들어했던 반 고흐이지만, 신기하게도 고갱만은 극진히 대접하려고 했다. 미리 와서 사귄 지역 주민들에게 고갱을 소개하면서 반 고흐는 고갱이 아를에 무난히 정착할 수 있는 길을 열어주려고 노력했다.

알리스캉의 풍경
고갱, 캔버스에 유채, 92×73cm, 1888, 오르세 미술관

고갱이 브르타뉴에서 그린 그림을 다 팔아버린 뒤에 아를을 떠나버릴까 봐 반 고흐는 여간 걱정이 아니었다. 이런 우려가 계속 잠복해 있긴 했지만, 고갱의 존재로 인해서 반 고흐가 심리적 안정을 찾기 시작한 것은 확실했다. 물론 성격이나 취향이 잘 맞아서 그런 것은 아니었다. 반 고흐의 입장에서 본다면 고갱은 자신의 예술 정신을 함께 꽃피울 귀중한 동지였기 때문이다.

반 고흐에게 고갱은 프롤레타리아의 표상 같은 존재였지만, 실제로 고갱은 파리에서 나고 자란 전형적인 도시인이었다. 그렇다고 고갱이 세련된 '대도시형 인간'이라고 보기도 어렵다. 오히려 그는 고집스러운 사고에 사로잡혀서 현인인 체하는 속물에 가까웠기 때문이다. 그러나 반 고흐에게 고갱은 새로운 예술을 구현해낼 천재적인 화가였다. 과연 이런 반 고흐

반 고흐, 「알리스캉의 풍경」, 캔버스에 유채, 93×72cm, 1888, 개인 소장

의 평가는 정당할까. 후대의 관점에서 본다면, 확실히 고갱보다 반 고흐가 훨씬 더 위대한 화가라는 사실을 부정하기 어렵다. 여기에서 '위대하다'는 기준은 예술 자체에 대한 헌신성일 것이다. 고갱은 그림 자체보다도 명성에 더 집착한 측면이 있었다.

고갱은 오만했고, 자만심에 들떠 있었다. 필요 이상으로 으스대기도 해서 비난을 자초하기도 했다. 생각도 그렇게 진취적이었다고 할 수 없다. 이런 문제점을 가지고 있었지만, 흥미로운 점은 이런 고갱의 존재가 없었다면 아를에서 반 고흐가 그린 걸작들도 없었을 것이라는 사실이다. 확실히 역사는 아이러니하다. 아를에서 고갱과 반 고흐는 한동안 미술사에 남을 만한 우정을 과시했다. 그리고 이 과정에서 반 고흐 역시 중요한 미학적 도약을 이룩할 수 있었다.

이렇게 탄생한 그림들 중 하나가 바로 「알리스캉의 풍경」이다. 이 그림에 등장하는 알리스캉은 아를에 있던 고대 로마의 유적이다. 이 유적은 포플러가 길게 늘어선 길로 유명했다. 낙엽이 떨어지는 가을날, 고갱과 반 고흐는 알리스캉의 풍경을 함께 그리기로 의기투합한다. 고갱은 앞에, 반 고흐는 뒤에 앉아서 각각 같은 풍경을 그리기로 한 것이다. 그래서 나온 것이 고갱의 「알리스캉의 풍경」이다. 반 고흐도 같은 풍경을 담은 연작을 그렸다. 「알리스캉의 풍경」에서 고갱은 모네의 기법을 실험하는 것처럼 보인다. 빛의 떨림을 표현하기 위해서 색의 효과를 적절하게 이용하고 있는 것이다.

이런 기법의 차용은 고갱의 입장에서 본다면 흔한 일이라고 보기 어

반 고흐, 「낙엽」, 캔버스에 유채, 73×92cm, 1888, 크뢸러–뮐러 미술관

렵다. 평소에 인상주의를 극복하기 위해서 노력했던 고갱이었기에 더욱 그렇다. 낙엽이 마치 눈처럼 쏟아지는 곳에 앉아서 둘은 알리스캉의 풍경을 화폭에 담았다. 가을이었지만 태양은 여전히 화사했고, 하늘은 구름 한 점 없이 맑았다. 전형적인 남프랑스의 가을 풍경이 청명하게 펼쳐졌던 것이다. 다가올 비극에 아랑곳없이 이 시간만은 고갱과 반 고흐에게 이상적인 순간이었을 것 같다.

나뭇잎들은 가을을 맞아서 노랗고 붉게 물들어 있었다. 햇볕이 뜨거운 아를이니 단풍의 색채도 얼마나 선명하고 짙었을지 짐작하고도 남는다. 보행자가 걸어 다니는 길에 수북하게 쌓인 낙엽을 바람이 한번씩 휘몰아가기도 했다. 스산하면서도 청량한 기운이 두 화가의 마음을 자극했을 것이다. 감상에 젖은 탓인지 고갱은 햇빛과 낙엽색이 서로 마주치면서 발산하는 주홍빛과 황금빛의 어우러짐을 표현하려고 했다. 이런 노력이 고스란히 그림에 담겨 있어서 흥미롭기 그지없다. 이 광경은 반 고흐가 그린 「낙엽」이라는 그림에도 잘 드러난다. 이 그림에서 반 고흐는 고갱도 보았을 그 떨어지는 노란 잎사귀들을 황금빛으로 그려놓았다. 확실히 「알리스캉의 풍경」은 아를에서 그려진 여러 고갱의 그림 중에서도 독특한 느낌을 자아낸다.

아마도 고갱은 과거의 유산을 이 그림을 통해 정리하고 넘어가고 싶었는지도 모르겠다. 고갱이 모네의 기법을 차용했다고 해서 순진하게 인상주의에 대한 향수를 느꼈다고 판단하기는 어렵다. 오히려 고갱의 그림은 인상주의에서 발견할 수 없는 어떤 '추상성'을 드러내고 있기 때문이다. 분

반 고흐, 「알리스캉의 가로수길」, 캔버스에 유채, 92×74cm, 크뢸러-뮐러 미술관

명히 그림의 기법은 어디에선가 많이 본 듯하지만, 그림에 드러나는 광경은 괴이쩍을 만큼 비현실적이다.

　나무 아래 서 있는 행인들조차도 어떤 살아 있는 현실감을 주지 못한다. 오히려 행인들은 이 그림의 중앙에 박혀 있는 특별한 무늬처럼 보일 지경이다. 말하자면, 고갱이 그려내고자 했던 것은 결코 '알리스캉'이라는 현실의 풍경이었다고 보기 어렵다. 이 그림에서 고갱은 현실을 추상적인 것으로 만들어낸 관념의 세계를 표현하고자 했다. 이것은 현실에 기대고 있지만 결코 현실이라고 말할 수 없는, 프랑스 철학자 사르트르 식으로 말하자면, 고갱의 마음에 있던 그 풍경일 뿐이다.

　이런 고갱의 노력이 왜 중요한 것일까. 바로 그림을 자연에 대한 묘사라는 측면에 머물지 않게 하기 때문이다. 그림을 자연에 대한 묘사로 생각한다면, 예술은 자연의 종속물에 지나지 않는다. 그러나 고갱처럼 그림이 자연을 묘사하지 않고 마음의 풍경을 드러내는 것이라고 생각한다면 그림은 자연과 경쟁하는 '또 다른 자연'으로 규정할 수 있는 것이다. 분명 고갱은 반 고흐보다 위대한 화가라고 보기는 어렵지만, 이런 문제의식을 갖고 있었다는 점에서 우리가 알고 있는 그 반 고흐를 존재할 수 있게 만든 장본인이라고 할 수 있다. 모든 현상은 이렇게 관계의 사슬로 얽혀 있는 것이다.

밤의 카페테라스
반 고흐, 캔버스에 유채, 81×66cm, 1888, 크뢸러−밀러 미술관

아를은 적막한 곳이었다. 오락거리라고는 찾아보기 어려웠다. 그림에 전념하기에 적합한 곳이라고 할 수 있겠지만, 고갱과 반 고흐는 수도사가 아니었다. 고갱은 취미생활로 펜싱을 즐겼다. 브르타뉴에서 그는 복장을 제대로 갖추고 펜싱 경기를 하곤 했다. 펜싱 용구들을 모두 가져왔지만, 아를에서는 펜싱 상대를 찾을 수가 없었다. 벽장 한 구석에 고갱의 펜싱 용구들은 조용히 잠들어 있어야 했다. 반 고흐는 고갱의 펜싱 취미를 못마땅하게 생각했다. 평화주의자였던 반 고흐는 "그런 위험한 장난감으로 전쟁놀이를 일삼는 것"을 받아들이기 어려웠기 때문이다.

화려하고 시끌벅적한 파리에 비해서 아를의 생활은 참으로 평온했다. 간혹 연극이나 오페라가 공연되기도 했지만, 파리 생활을 체험한 이들에게 아를은 전형적인 남프랑스의 전원도시였다. 고갱에게는 이런 생활이 지루할 수밖에 없었다. 브르타뉴에 있을 때, 그는 곧잘 카드게임을 즐겼고 음악을 연주하기도 했다. 그러나 반 고흐는 이런 고갱과 정반대였다. 악기 연주에 취미라고는 도통 없었기 때문이다. 피아노를 배운 적은 있지만, 그렇다고 연주에 빠져들거나 하지는 않았다. 스포츠도 마찬가지였다. 반 고흐에게 스포츠는 강 건너 불구경에 불과했다. 반 고흐가 유일하게 즐겼던 것들은 걷기, 독서, 쓰기, 수다 떨기 같은 것이었다.

반 고흐에게 필요했던 것은 자신의 말에 맞장구를 쳐주는 영혼의 동반자였다. 이런 소망을 충족시키기란 쉽지 않았다. 그래서 반 고흐는 카페의 풍경을 그렸던 것인지도 모른다. 자신이 읽은 책이나 글에 대해, 그리고 작품에 대해 수다를 떨어대기에 가장 적절한 곳이 카페가 아니겠는가. 잘 알려져 있는 「밤의 카페테라스」를 보고 있으면 별이 빛나는 밤에 테라스에 앉아서 이런저런 이야기를 두런거리고 있었을 반 고흐의 모습이 자연스럽게 떠오른다. 이 그림이 그려진 시기는 1888년 9월 중순이다. 흥미롭게도 이 그림에서 그 유명한 빈센트 반 고흐의 서명을 발견할 수가 없다. 친지들에게 보낸 편지에서 그렇게 자주 이 그림에 대해 언급을 하고 있으면서도 정작 최후 인증이라고 할 작가의 서명을 남기지 않은 것이다.

이 그림에 반 고흐는 심혈을 기울였다. 이 그림을 구상하면서 그린 다양한 스케치들이 남아 있기 때문에 그렇게 짐작할 수 있다. 「밤의 카페테라스」에 등장하는 풍경은 노란 집이 위치하고 있던 플라스뒤포럼이다. 그래서 이 그림은 '플라스뒤포럼의 카페테라스'라고 불리기도 한다. 지금도 아를에 가면 반 고흐가 이 그림을 그렸던 곳이 그대로 남아 있는데, 그

반 고흐, 「밤의 카페테라스」,
종이에 연필·갈대 펜과 잉크,
62.8×47.1cm, 1888, 댈러스 미술관

림에 등장하는 카페는 '반 고흐 카페'로 이름을 바꾸었다. 이 그림에서 압권은 바로 카페테라스의 불빛을 표현하는 노란 빛일 것이다. 테라스의 차양에 비친 노란 불빛은 인공성의 극치를 보여주는 구상이라고 할 수 있다. 차양의 불빛은 푸른 하늘빛과 어우러져서 환상적인 조화를 이루고 있다.

이 그림을 그린 뒤에 여동생에게 보내는 편지에서 반 고흐는 "검은색을 쓰지 않는 밤 풍경화"를 그리고자 했음을 밝히고 있다. 반 고흐에게 밤은 어둠의 제국이 아니었다. 오히려 그에게 밤은 낮에 볼 수 없었던 다채로운 빛의 향연을 펼쳐 보이는 시간이었다. 광장 바닥을 장식하고 있는 포석은 보랏빛을 띠고, 하늘은 신비로운 푸른빛으로 변하는 것이다. 초록빛은 밤의 색채와 어우러져서 특이한 빛깔을 뿜어낸다. 이런 변화에 반 고흐는 매료되어서 어쩔 줄을 몰랐다. 그래서 그는 붓끝으로 한 땀씩 수를 놓듯, 이런 빛의 축제를 화폭에 옮겨 놓은 것이다.

반 고흐, 「별이 빛나는 밤」, 캔버스에 유채, 74×92cm, 1889, 뉴욕 현대미술관

1888년에 그려진 이 그림이 세상에 선을 보인 것은 그의 죽음 이후였다. 처음에 '커피하우스'라는 제목을 달고 전시되었던 이 그림은 아를에서 행복했던 반 고흐의 순간을 기록하고 있는 작품 중 하나이다. 이 그림에서 그는 처음으로 별이 빛나는 하늘을 그렸다. 「별이 빛나는 밤」이라는 유명한 작품을 「밤의 카페테라스」가 예고하고 있는 것이다. 이런 방식은 확실히 고갱과 달랐다. 반 고흐는 그림을 그리기 위해 한 장소를 고집했다.

이 그림도 실제로 카페테라스를 볼 수 있는 야외에 이젤을 설치하고 그린 것이다. 한번 이렇게 자리를 잡으면 떠나지 않는 것이 반 고흐가 그림을 그리는 방식이었다. 그러나 고갱은 현장에서 스케치를 하기도 했지만, 스튜디오에서 어떻게 이 스케치들을 활용할 것인지를 구상하는 작업도 수행했다. 반 고흐에 비해 고갱은 훨씬 더 추상적인 그림을 추구했던 것이다. 그에게 현실에 대한 모방은 별다른 의미가 없었다. 반 고흐 역시 현실에 대한 모방에 별반 중요성을 부여하진 않았지만, 작업의 방식은 그렇지 않았다. 어떻게 생각하면 즉흥성이야말로 반 고흐의 그림을 좌지우지하는 중요한 요소였던 셈이다.

「밤의 카페테라스」를 보고 있으면, 당시에 반 고흐가 도전하고자 했던 것이 무엇이었는지 어렴풋이 짐작할 수 있을 것 같다. 그가 거부하고 혁신하고자 했던 것은 전통이라는 명령으로 그림을 붙잡아두려는 보수적 경향이었다. 어둠 속에서 푸른빛이 초록빛으로 보인다는 반 고흐의 진술은 그토록 열심히 밤의 풍경을 그린 까닭을 이해할 수 있게 만든다. 마치 그의 성격처럼 낮과 밤은 그에게 전혀 다른 세계를 보여주었던 것이다.

빨래하는 여인들
고갱, 캔버스에 유채, 75.9×92.1cm, 1888, 뉴욕 현대 미술관

고갱은 아를에서 투우 경기를 볼 수 있을 것이라는 기대를 잔뜩 품고 있었다. 반 고흐에게 보낸 편지에서 꼭 투우 경기를 화폭에 담겠다는 결심을 알릴 정도였다. 그러나 이런 고갱의 기대는 실현되지 못했다. 고갱이 아를에 왔을 때 투우 시즌은 끝나버렸기 때문이다. 대신 고갱은 아를의 풍경과 소박한 여인들을 그리는 것으로 만족해야 했다.

고갱은 아를에서 자신의 작품 세계를 완전히 바꾸는 실험적 작품들을 선보이는데 그 소재는 무척 '전통적인 것'이었다. 「빨래하는 여인들」도 바로 이런 실험적 작업을 통해 탄생한 것이다. 이 여인들은 아를의 시골 아낙들이다. 파리에서 흔히 볼 수 있었던 세탁부가 아니다. 사소하게 보이지만 이 차이는 실로 중요한 것이라고 할 수 있다. 세탁부라는 직업이 나타내는 은근한 성적인 함의를 이 그림에서 발견하기는 어렵다. 반 고흐는 이런 고갱의 모습을 다음과 같이 전하고 있다.

> 고갱은 엄청나게 작업하고 있어. 앞부분도 배경도 모두 노란색인 정물이 마음에 들어. 고갱은 내 초상도 그리고 있는데, 쓸모없는 계획이라고는 생각하지 않아. 그는 풍경화도 몇 점 그리고 있는데, 마침내 빨래하는 여인들도 멋지게 그렸어.
>
> 1888년 12월 4일경 테오에게 쓴 편지에서

고갱이 빨래하는 여인을 자주 그린 까닭은 아를에서 흔하게 목격할 수 있었기 때문일 것이다. 물론 이런 소재가 고갱에게 썩 어울린다고 말하기는 어렵다. 물감 자국이 덕지덕지 발린 작업복을 입고 농부처럼 밀짚모자를 쓴 반 고흐와 달리, 고갱의 복장은 파리에서 그랬던 것처럼 날렵하고 세련된 패션 감각을 마음껏 뽐냈다. 잘생긴 얼굴은 아니었지만 여하튼 용모로 봤을 때 고갱은 세간의 시선을 끌 만했다. 이런 고갱에 비한다면 반 고흐는 참으로 평범한 촌부의 이미지였다.

고갱에게 아를의 여인은 파리의 문명과 다른 '원시성'을 보여주는 대상이었다고 볼 수 있다. 이방인의 시선이 숨어 있는 것이다. 아를의 풍경과 사람들을 전혀 낯설게 여기지 않은 반 고흐와 대조적인 태도를 여기에서 읽어낼 수가 있다. 고갱은 시종일관 아를의 생활에 동화될 수 없는 존재였던 것이다. 이런 고갱의 입장은 서인도제도를 방문했을 때부터 나타났다. 「망고 따는 여인들」에서 고갱은 이미 후일 타이티에서 보여줄 작품 세

고갱, 「망고 따는 여인들」, 캔버스에 유채, 61×116cm, 1887, 암스테르담 반 고흐 미술관

계를 암시하고 있는데, 아를에서 그린 빨래하는 여인들의 모습도 이런 '원시성'에 대한 호기심과 무관하지 않다고 하겠다. 여하튼 아를은 자본주의가 만들어놓은 세계에서 제자리를 찾기 힘들었던 '고귀한 야만인' 고갱에게 언젠가는 떠나야 할 장소였던 셈이다. 이런 측면에서 고갱과 함께 살기를 희망했던 반 고흐의 소망은 항상 위태위태했다고 할 수 있다. 고갱의 그림은 원시적인 여성에게 마법적인 분위기를 부여하는 것이 태반이었다. 서인도제도를 방문했을 때 그린 그림들에서 이런 특징을 읽어내기란 어렵지 않다.

고갱은 정기적으로 브로델을 방문해서 성욕을 해결해야 한다고 생각하는 위인이었지만, 마음속 깊은 곳에 매력적인 여성에 대한 공포를 감추고 있었다. 이런 이중적인 태도는 남성성의 위기와 맞물려 있는 것이다. 보들레르도 그랬듯이 19세기 예술가들의 곤혹은 시장에서 헤게모니를 장악할 수 없다는 사실이었다. 이런 문제점에서 모더니즘의 딜레마가 발생하는 것이다. 시장이 없다면 존속하기 어려우면서도 시장의 논리를 거부해야 하는 이중성을 감내할 수밖에 없는 것이다.

매력적인 여성에 대한 혐오는 비문명적인 원시성에 대한 고갱의 동경과 쌍을 이루는 것이라고 할 수 있다. 이 원시성은 매력적이면서 동시에 파괴적이라는 이중성을 갖는다. 19세기 근대의 예술가들이 자본주의와 대면하며 고심했던 문제가 이와 유사했다. 자본주의의 쾌락을 받아들이고 싶지만, 예술가의 본능은 그것을 있는 그대로 즐길 수 없도록 만들었다. 이들은 자본의 쾌락이라는 대타자의 욕망에 굴복하고 싶지 않은 탕아들이었다. 자기 자신의 욕망에 충실하고 싶은 존재들이 바로 근대의 예술가들이었던 것이다. 타이티로 간 고갱은 친구에게 보낸 편지에서 다음과 같이 이야기했다.

> 이제 나는 야만인처럼 살고 있어. 여인들이 싫어하지 않을 만큼만 가리고 완전히 벌거벗은 채 살지. 그 여인들이 그렇게 말해. 이런 상태로 하루 종일 작업을 하지만, 지금까지 한 것은 산더미처럼 쌓인 습작과 문서뿐이야.
>
> 폴 고갱이 조르주 다니엘 몽프레에게 보낸 편지에서

파리를 떠났지만, 그 파리에서 자신이 잊히고 있다는 사실을 참을 수 없었던 고갱의 심리가 잘 보이는 글이다. 자본주의의 욕망에 굴복하지 않는 삶으로 고갱은 '야만인'을 선택했다. 그는 '고귀한 야만인'으로 통했다. 배운 만큼 배운 상태에서 그는 자발적으로 자본주의 문명을 거부한 야만인으로 거듭 태어난 것이었다. 타이티로 떠난 이유도 자발적인 아웃사이더로 자신을 확고하게 정립하고자 했기 때문이었다. 그러나 마치 마네처럼 고갱 또한 자신의 저항 때문에 세상에서 거부당할까봐 극도로 염려했다. 근대 예술가의 딜레마를 고스란히 보여주는 것이 고갱의 삶이었던 셈이다. 고갱의 삶에서 읽어낼 수 있는 것은 외부 없는 근대성인지도 모를 일이다.

따라서 근대의 예술가들은 대체로 반영웅적이었고, 이런 면에서 고갱은 이런 성격을 구현하고 있는 화가의 아주 적절한 예라고 할 수 있다.

고갱, 「퐁타방의 빨래하는 여인들」, 캔버스에 유채, 71×90cm, 1886, 오르세 미술관

아를의 「빨래하는 여인들」은 1886년에 그려진 「퐁타방의 빨래하는 여인」보다 훨씬 환상성이 강화된 느낌을 준다. 게다가 「빨래하는 여인들」은 「알리스캉의 풍경」에서 볼 수 있었던 안정감을 드러내지 않는다. 오히려 이 그림은 불안한 고갱의 심리를 표현해주는 것처럼 보인다. 「퐁타방의 빨래하는 여인들」에서 그려진 그 전원적인 풍경은 아를에 온 뒤에 그린 「빨래하는 여인들」과 사뭇 다른 분위기를 연출하고 있다는 사실에서 이런 불안의 징후를 읽어내는 것은 어렵지 않다.

　　아를에서 그려진 고갱의 작품에서 확인할 수 있는 이런 감정의 기복은 고갱 역시 아를의 생활을 평탄하게 보낼 수 없었다는 사실을 간접적으로 보여주는 것이다. 반 고흐는 고갱과 '나란히' 그림을 그리면서 행복하게 살고 싶었지만, 고갱에게 아를은 이미 프랑스의 일부였을 뿐이다. 아를은 그에게 더 이상 원시의 세계가 아니었던 것이다. 고갱은 어차피 프랑스를 떠나야 했다. 그리고 그 방황을 반 고흐는 이해할 수 없었는지도 모른다. 반 고흐에게 이방이었던 곳이, 고갱에게 고향이었고, 고갱이 가고 싶어했던 그 낯선 곳이 바로 반 고흐가 떠나온 곳이었던 것이다. 이런 의미에서 타이티는 고갱에게 반 고흐의 아를과 같은 곳이었다고 할 수 있겠다. 모든 곳이 타향인 존재, 그래서 고갱은 반 고흐와 달리 자기 자신만으로 완벽한 고독자였던 셈이다.

뒤집어진 게
반 고흐, 캔버스에 유채, 38×46.5cm, 1889, 암스테르담 반 고흐 미술관

두
화
가
의
밥
·
상

처음 노란 집을 임대할 때 반 고흐는 화가들의 공동체를 구상했던 것이라고 앞서 말했다. 흥미롭게도 이 공동체에서 중요한 것은 '밥상'을 공유하는 일이라고 그는 생각했던 것 같다. 이런 까닭에 노란 집에서 중요한 공간 중 하나가 부엌이었다. 원래 작업실로 사용했던 작은 방을 개조해서 요리할 수 있는 공간으로 만드는 일이 필요했는데, 고갱이 합류한 뒤로 비로소 이 계획을 실행에 옮길 수 있었다.

　요리를 해 먹기로 한 까닭은 이런 반 고흐의 이상도 작용하긴 했지만, 무엇보다도 생활비를 절약해야 한다는 현실적 필요성이 강했기 때문이다. 인상파 화가들도 처음에 함께 모여 작업을 할 때 난방용 난로에 콩을 끓여 먹으면서 생활비를 절약하기도 했다. 그래서 반 고흐가 요리를 해 먹는 것이 낫겠다고 판단한 것은 그렇게 유별난 일이 아니었다. 반 고흐가 처음 고갱에게 아를로 올 것을 권유하면서 쓴 편지에는 요리에 대한 제안이 포함되어 있었다. 요리를 해줄 가사 도우미를 고용할 수도 있겠지만, 손수 해 먹으면 훨씬 생활비를 줄일 수 있을 것이라는 내용이었다.

그러나 현실적으로나 이상적으로나 밥상 공동체를 갈구했던 반 고흐였지만 요리는 젬병이었다. 정작 반 고흐는 요리에 관심이 없었고, 하루 끼니를 챙겨 먹는 것도 버거워하던 사람이었다. 게을러서 그랬다기보다, 지독한 금욕주의와 완벽주의가 그에게 음식 먹을 시간조차 허락하지 않았기 때문이다. 그는 그림에 몰두하면 담배와 커피만을 섭취하면서 사나흘을 곡기 하나 없이 버티는 성격이었다.

당연히 요리는 고갱의 몫이었다. 그러나 불행인지 다행인지 고갱은 전문 요리사 못지않게 뛰어난 요리 솜씨를 갖추고 있었다. 좁은 부엌이었지만 고갱은 마음껏 자신의 실력을 발휘하곤 했는데, 반 고흐는 고갱의 요리에 대해 '최고의 맛'이라는 찬사를 아끼지 않았다. 반 고흐의 입맛을 믿을 순 없겠지만, 다른 이들 역시 인정하고 있으니 고갱이 요리를 잘했다는 것은 확실한 사실이라고 할 수 있다.

물론 미안한 마음에 반 고흐도 요리를 하겠다고 나서기도 했다. 그러나 결과는 신통치 않았다. "반 고흐가 만든 요리는 그의 그림처럼 온갖 색채로 뒤범벅이 되었다"라고 고갱이 농담을 할 지경이었다. 반 고흐에게 음식이라는 것은 그냥 병든 곳을 낫게 만드는 약이거나 아니면 육체라는 기계를 움직이게 하는 연료에 불과했다. 반 고흐에게 음식은 실용적 목적 이하도 이상도 아니었다. 이와 달리 고갱에게 음식은 영혼의 갈망을 채워주

반 고흐, 「두 마리의 게」, 캔버스에 유채, 47×61cm, 1889, 런던 내셔널 갤러리

고갱, 「햄」, 캔버스에 유채, 50×58cm, 1889, 워싱턴 필립스 컬렉션

는 예술에 가까운 것이었다.

고갱은 품위 없는 여성은 결코 요리를 잘할 수 없다고 생각했다. "요리는 고결한 영혼과 재빠른 손, 그리고 대담한 마음이 있어야 제대로 할 수 있다"라는 것이 고갱의 지론이었다. 시인 못지않게 멋진 말이다. 요리에 대해 이렇게 능숙한 남성 화가가 과연 미술사에 얼마나 될까. 고갱 말고도 요리를 잘했던 화가가 바로 툴루즈 로트레크였다. 로트레크는 아마추어급이었지만, 최고의 요리사로 각광을 받았다. 로트레크에 비하면 좀 떨어지지만 고갱은 요리에 대한 타고난 감각을 가진 화가로 정평을 얻었다.

반 고흐가 만든 음식을 먹는다는 것은 고역에 가까웠기 때문에 어쩔 수 없이 고갱이 노란 집의 요리사 노릇을 할 수밖에 없었다. 대신에 반 고흐가 담당했던 일은 장을 보는 일이었다. 이들은 주로 해산물 요리를 해먹었다. 고갱은 평소에 북유럽산 생선을 두고 최고의 재료라고 칭찬을 아끼지 않았다. 고갱을 위해서 반 고흐는 큰 프라이팬을 구입했고, 작업실을 개조해서 그럴 듯한 부엌도 만들었다. 서랍장에 나이프와 포크뿐만 아니라, 고갱이 사용하는 다양한 요리 도구들을 보관했다. 나름대로 번듯하게 요리사를 위한 공간을 마련한 것이다.

반 고흐가 1888년에서 89년에 걸쳐 완성한 「뒤집어진 게」라는 그림에서 이들이 함께 나누었을 요리를 상상할 수 있을 것 같다. 해군에 복무하면서 몇 년 동안 세계를 주유했던 고갱은 해산물 요리라면 자신 있었다. 반 고흐는 이렇게 요리에 쓰기 위해 그림에 묘사되어 있는 게를 구입했을 것이다. 물론 멀리 장을 보러 다닐 정도로 반 고흐가 요리에 까다로운 사

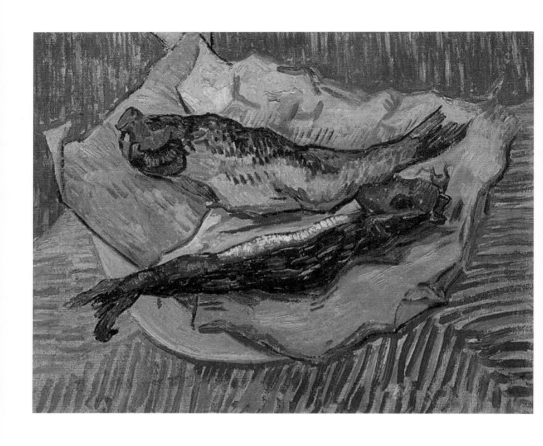

반 고흐, 「노란 종이 위에 놓인 청어」, 캔버스에 유채, 33×41cm, 1889, 암스테르담 반 고흐 미술관

람은 아니었다. 요즘으로 치자면 노란 집에 딸린 구멍가게에서 이것저것 요리에 쓸 재료를 구입하는 것이 반 고흐의 장보기였다. 고갱의 요리 솜씨는 이런 악조건에서도 유감없이 발휘되었다.

물과 불 같았던 두 화가의 동거를 상징적으로 보여주는 것만 같은 반 고흐의 그림은 다양한 감흥을 불러일으킨다. 「노란 종이 위에 놓인 청어」 역시 고갱과 즐거운 식사 시간을 가졌던 '좋은 시절'에 대한 반 고흐의 감회를 확인하는 것 같아서 마음이 아슴아슴해진다. 반 고흐가 꿈꿨던 그 밥상 공동체는 이루어지지 않았지만, 고갱의 요리 솜씨로 인해서 반 고흐는 한동안 끼니 걱정 없이 즐겁게 작업에 몰두할 수 있었다. 고갱의 요리가 없었다면 반 고흐의 명작들도 존재하지 못했을지 모르는 일이다. 고갱 덕분에 반 고흐는 어느 정도 건강도 회복할 수 있었다. 서로 부딪히는 상극의 관계를 잠시나마 평온하게 만들어주는 것, 거기에 바로 음식을 함께 먹는 거룩한 행위의 의미가 숨어 있는 것이다.

아를의 여인들
고갱, 캔버스에 유채, 72×93cm, 1888, 시카고 아트 인스티튜트

같은 소재,
엇나간 생각들

1888년 12월 고갱은 한 점의 작품을 완성한다. 반 고흐가 그린 「아를의 여인들」과 같은 소재와 구도를 보여주는 그림이었다. 이 그림에 담겨 있는 배경은 고갱의 침실 창문 밖으로 보이는 풍경이기도 했다. 마치 반 고흐가 그랬듯이, 고갱은 창문 바깥을 내다보면서 이 그림을 그렸을 것이다. 두 그림을 비교해보면, 확실히 고갱이 의식적으로 반 고흐와 비슷한 그림을 제작했다는 사실을 알 수 있다.

두 그림은 한눈에 봐도 유사하지만, 마치 틀린 그림 찾기처럼 결정적인 차이가 있다. 반 고흐의 그림에 등장하는 배경이 늦여름 또는 초가을 풍경이라면, 고갱은 을씨년스러운 겨울 풍경을 그려놓은 것이다. 반 고흐의 그림에서 아를의 여인들은 양산을 들고 꽃밭을 거닐고 있는 것처럼 보인다. 같은 장소를 배경으로 비슷한 시기에 반 고흐가 그린 작품들을 보

반 고흐, 「아를의 여인들」, 캔버스에 유채, 73×92cm, 1888, 모스크바 푸시킨 미술관

면, 한가롭게 공원을 거니는 연인이나 신문을 읽으면서 시간을 보내는 남자의 모습을 확인할 수 있다.

그러나 고갱의 그림은 한눈에 봐도 차가운 겨울의 모습을 담고 있다. 한파를 대비해서 대나무 보호대를 두르고 있는 나무들이 이를 말해준다. 노란색으로 그려진 뿔 형상이 당시에 겨울 동안 나무의 동사를 막기 위해 사용했던 대나무 보호대이다. 이 그림을 그리기 위해 고갱은 다양한 스케치들을 남겼지만, 궁극적으로 그가 완성한 것은 「아를의 여인들」이었다. 매서운 겨울바람을 피하기 위해 몸을 한껏 숙이고 머리에 숄을 두른 모습에서 차가운 겨울의 기운을 느끼지 않을 수가 없다. 작은 분수에 고인 물은 드문드문 흰 구름이 비치는 겨울 하늘을 고스란히 담아 보여주고, 말라버린 잎사귀가 애처롭게 앙상한 나뭇가지에 매달려 있다.

네 명 가운데 맨 앞에 있는 여인이 지누 부인이다. 이들이 향하고 있는 곳은 고갱과 반 고흐가 함께 기거하던 노란 집이다. 그런데 고갱은 생뚱맞게도 커다란 덤불을 그림의 전면에 그려놓았다.

고갱은 「브르타뉴의 돼지치기」(44쪽)에서 건초더미를 여성의 몸처럼 곡선으로 그려놓았는데, 이 그림에서 덤불은 강렬한 직선의 형상을 보여준다. 굳이 설명을 붙이자면 남성성을 암시한다고 할 수 있겠다. 덤불을 곡선으로 처리하는 것은 다른 고갱의 그림에서도 잘 드러난다. 1889년에 그린 「사립문과 돼지치기」라는 그림에서도 고갱은 덤불의 형상을 곡선으로 표현했다.

따라서 「아를의 여인들」에서 덤불의 모양이 직선으로 그려진 것은 상

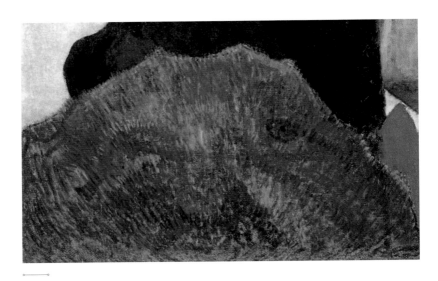

「아를의 여인들」 부분

당히 의미심장한 일이다. 이런 추측을 가능하게 해주는 근거가 덤불에 숨어 있다. 숨은 그림 찾기 같지만, 덤불을 자세히 들여다보면 거기에 남성의 얼굴이 보인다는 것을 알아챌 수가 있다. 눈과 코, 그리고 콧수염이 보이는 것이다. 물론 우연의 일치일 수도 있겠지만, 여하튼 이 덤불의 모습은 고갱답지 않게 이례적인 방식으로 그려졌다는 사실을 부정하긴 어렵다.

고갱은 이 그림을 그리는 동안 반 고흐와 아무런 상의도 하지 않았다. 알리스캉의 풍경을 그릴 때 그렇게 협조적이었던 관계는 종적을 감춘 것처럼 보인다. 위기가 서서히 표면으로 부상하고 있었다고 말할 수 있을 것 같다. 뻔질나게 쓰던 편지도 뜸해졌다. 그토록 열심히 동생과 친구에게

고갱, 「사립문과 돼지치기」, 캔버스에 유채, 94×73cm, 1889, 개인 소장

편지로 자신의 작업에 대해 썼던 반 고흐도 침묵을 지켰다. 무슨 일이 일어나고 있었던 것이다.

고갱에게 매일 무엇인가 써서 건넸던 반 고흐가 고갱에 대해 아무런 언급을 하지 않았다는 것은 사태의 심각성을 나타낸다. 말하자면 이들은 서로 토론하고 싶지 않은 그 무엇인가를 회피하기 시작한 것이다. 무릇 연인 관계도 그렇듯 토론이 멈출 때 사랑은 이미 식어버린 것이다. 얼마간 미봉책에 불과했던 고갱과 반 고흐의 우정도 알아채지 못하는 사이에 장애를 만났고, 두 화가는 이 장애를 극복할 생각을 하지 못했다. 안타까운 일이지만 이미 벌어진 일이니 어쩔 수가 없었다. 이제 남은 것은 파국이었다.

고갱과 반 고흐는 여전히 같은 모델을 놓고 동시에 그림을 그리곤 했지만, 분위기는 더 이상 화기애애하지 않았다. 고갱은 애써 반 고흐의 눈길을 피했다. 보통 반 고흐가 고갱보다 옆쪽에 앉아서 좋은 자리를 양보하곤 했는데, 점점 입장은 바뀌어갔다. 이제는 반 고흐가 중앙을 차지하고 고갱이 한쪽에서 그림을 그렸다. 토론도 없이 두 사람은 같은 공간에 있었지만, 아무런 교감을 보여주지 않았다.

고갱은 반 고흐와 동일한 풍경을 그렸지만, 전혀 다른 감흥을 드러내고 있다. 아를의 생활에 고갱이 만족하지 못하고 있다는 사실이 그림을 통해 간접적으로 폭로되고 있는 셈이다. 두 사람의 관계가 어떻게 끝이 날지 그 당시에 누구도 예측할 수 없었다. 그러나 고갱이 그린 「아를의 여인들」에서 이미 그 전조는 현실로 나타나고 있었다. 지독한 우정이 이제 비극적

결말을 향해 치달아가기 시작했다. 다시는 되풀이하고 싶지 않은 고통이
두 사람을 기다리고 있었다.

아를의 댄스홀
반 고흐, 캔버스에 유채, 65×81cm, 1888, 오르세 미술관

아를 시절에 그려진 「아를의 댄스홀」에서 반 고흐는 고갱의 기법을 모방하고 있다. 반 고흐의 예술에서 고갱의 존재가 얼마나 중요한지 잘 보여주는 사례라고 하겠다. 이 그림에서 반 고흐의 화풍은 사뭇 다른 분위기를 풍긴다. 반 고흐 특유의 질감을 「아를의 댄스홀」에서 발견하기란 어렵다. 오히려 고갱의 작품이라고 제목을 붙여도 아무런 의심을 받지 않을 것 같다.

「아를의 댄스홀」은 우리에게 익숙한 반 고흐의 열정을 보여주지 않는다. 「별이 빛나는 밤」에 표현되어 있는 그 소용돌이치는 반 고흐의 광기가 고갱의 옷을 입고 깔끔하게 단장하고 있는 느낌이다. 어쩌면 반 고흐는 주체할 수 없는 내면의 혼란을 담아내기 위한 형식으로 고갱을 갈구했는지도 모를 일이다. 이런 반 고흐의 열망이 구현된 것이 바로 「아를의 댄스홀」

이라고 할 수 있다.

　아를 시절이 낳은 걸작 중 하나가 바로 이 작품이라고 말해도 손색이 없을 것이다. 고갱의 「아를의 여인들」과 더불어서 이 그림은 반 고흐의 작품 세계에 당도한 혁신의 실체를 정확하게 보여준다. 르누아르가 그린 「물랭 드 라 갈레트의 무도회」와 반 고흐의 그림을 비교해보면, 이 새로운 변화가 무엇을 의미하는 것인지 어렵지 않게 눈치 챌 수 있을 것이다. 반 고흐의 그림에서 현실의 재현이라는 개념은 완전히 사라졌다. 「아를의 댄스홀」이 보여주는 것은 오직 인공의 이미지일 뿐이다. 이 그림에 구현되어 있는 세계는 현실을 그린 것이라기보다, 그 현실을 구성하는 감각의 체계이다.

　이 그림에 등장하는 장소는 리세 대로에 있던 폴리 아를지엔이라는 댄스홀이다. 그림은 첫인상에서 반 고흐보다도 고갱을 연상시킨다. 고갱의 영향력이 어떻게 반 고흐의 예술을 변하게 만들었는지 확인할 수 있는 것이다. 이 기법은 고갱이 퐁타방에서 발전시킨 것으로, 종합주의synthesism에 기초한 구획주의cloisonnism를 원리로 삼았다. 퐁타방은 프랑스 브르타뉴 지역에 있는 작은 마을인데, 1886년에 고갱을 중심으로 젊은 예술가들이 퐁타방파라는 새로운 예술가 집단을 만들었다. 반 고흐는 이런 고갱의 활동에 자극을 받아서 아를에 화가 공동체를 만들려고 했던 것이라고 할 수 있다.

　퐁타방파에 참여했던 화가들은 폴 세뤼지에, 샤를 라발, 에밀 베르나르, 막심 모프라, 앙리 드 샤마이야르 등이었는데, 이들과 함께 고갱은 대

르누아르, 「물랭 드 라 갈레트의 무도회」, 캔버스에 유채, 131×175cm, 1876, 오르세 미술관

에밀 베르나르, 「양산을 든 브르통 여인들」, 캔버스에 유채, 95×105cm, 1892, 오르세 미술관

샤를 라발, 「풍경」, 캔버스에 유채, 55×46cm, 1889~90, 스트라스부르 근현대미술관

상에 강한 윤곽선을 두르고 평면적으로 표현하는 기법을 발전시킨다. 이런 기법에서 동양화, 그중에서도 일본 그림의 영향을 연상할 수 있겠지만, 사실 구획주의는 이미 서양 교회 건축에서 스테인드글라스에 더 가까운 것이라고 보는 것이 옳다. 일본 그림이 인상파나 후기인상파에게 영감을 제공한 것은 사실이지만, 이들의 예술에 절대적인 요인으로 작용한 것은 아니라고 판단하는 것이 타당하다.

앞서 언급했듯이 일본 그림은 이들에게 서양의 전통 화풍을 고수하지 않더라도 충분히 아름다울 수 있다는 사실을 증명하는 본보기에 가까웠던 것이지, 인상파나 후기인상파 화가들이 일본 그림을 비롯한 동양 미학에 해박한 지식을 가지고 있었다고 보기 어렵기 때문이다. 따라서 이들에게 일본 그림은 자신의 예술을 옹호하기 위한 하나의 근거에 불과했다. 인상주의와 후기인상주의 예술론 자체를 일본 그림에서 확보했다고 주장하는 것은 다소 과장이라고 말할 수 있는 것이다.

고갱은 구획주의를 정립함으로써 많은 추종자들을 거느릴 수 있었지만, 이런 상황이 오히려 그를 번잡하게 만들었다. 그래서 그는 세 번째 퐁타방을 방문했을 때, 거처를 옮겨서 르푸르뒤에 일 년 정도 머물기도 했다. 고갱이 주도한 퐁타방파의 미학은 인상파의 감각주의를 거부하는 것이었다. 인상파의 감각주의를 대체한 퐁타방파의 화제는 바로 사상적 내용이었다. 사상적 내용이라는 추상성을 회화라는 이차원성에 담아내려고 했던 것이 바로 고갱의 구획주의에 담겨 있는 미학적 원리였다. 이차원적 표현으로 조형하는 회화의 이미지들은 이후 현대 회화로 이어지는 중요한 모티프들을 선취한 것이라고 할 수 있다.

　이런 구획주의를 반 고흐가 수용하면서 탄생한 작품이 바로 「아를의 댄스홀」이라는 사실에서 고갱과 반 고흐의 만남이 미술사적으로 흔치 않은 사건이라는 점을 인지할 필요가 있다. 물론 반 고흐는 이 그림에서 고갱의 구획주의뿐만 아니라, 일본 그림의 영향도 가감 없이 드러내고 있다. 색조나 구도가 일본 그림을 연상시키는 것을 부정하기 어려운 것이다. 수평적 구도를 왜곡시켜서 장식성을 강조한 것도 상당히 흥미로운 특징이라고 하겠다. 춤을 즐기고 있는 군중의 형상은 흥성거리는 댄스홀의 정경을 르누아르와 전혀 다른 차원에서 그려내고 있다는 점에서 탁월하다. 정적이면서도 동적인 느낌이 보는 이에게 강렬하게 전달되고 있는 것이다.

　그러나 이 그림은 즐거운 댄스홀의 유흥을 그린 작품이라고 보기 어렵다. 댄스홀은 매개일 뿐이고, 정작 그림의 주제는 공포와 불안이라는 사상적 내용을 전달하는 것이다. 오른쪽에 홀로 서 있는 룰랑 부인의 모습이 이를 잘 말해준다. 관객과 눈을 맞추고 있는 이 인물의 모습에서 우리는 「아를의 댄스홀」이 말하고자 하는 것이 무엇인지를 깨달을 수가 있다. 「아를의 여인들」에서 고갱이 드러내고자 했던 주제 의식이 동일하게 「아를의 댄스홀」에서 되풀이되고 있는 셈이다.

사이프러스와 별이 있는 길
반 고흐, 캔버스에 유채, 92×73cm, 1890, 크뢸러-뮐러 미술관

반 고흐와 고갱은 곧잘 저녁 산책을 함께 다니곤 했다. 산책길에서 이들은 그림에 대한 영감을 서로 나누면서 다양한 의견들을 교환했다. 산책이야말로 하루 종일 갑갑한 작업실에서 그림에 몰두하던 두 화가들에게 청량제 같은 즐거움을 제공하는 오락거리였던 셈이다. 11월에 접어들자 아를의 날씨는 여름과 다른 분위기를 풍기기 시작했다. 특히 해질 무렵의 노을빛은 장관이었다. 테오에게 보내는 편지에서 빈센트는 저녁 산책길에서 발견한 아름다움에 대한 이야기를 늘어놓기 일쑤였다.

　　반 고흐는 후일 이 시간을 향수 어린 어조로 회상했는데, 이런 마음이 절절히 담겨 있는 작품이 1890년작 「사이프러스와 별이 있는 길」이라고 할 수 있다. 이 그림의 파격성은 굳이 설명할 필요가 없을 것이다. '검은 불꽃'이라는 애칭으로도 불리는 이 그림에서 아를의 저녁 풍경에 도취되었

반 고흐, 「사이프러스 나무가 있는 밀밭」, 캔버스에 유채, 73×92cm, 1889, 런던 내셔널 갤러리

을 반 고흐의 열정을 읽어내는 것은 어렵지 않다. 나무라기보다 대지를 뚫고 솟아오른 화염처럼 보이는 사이프러스는 반 고흐의 내면에서 넘실거렸던, 두렵지만 결코 포기할 수 없었던 예술에 대한 헌신 그 자체이다. 빈센트는 테오에게 해바라기 못지않게 자신을 매료시킨 사이프러스에 대해 자주 이야기했는데, 반복적으로 사이프러스를 그린 것을 보면 그가 얼마나 이 나무에 빠져 있었는지를 알 수 있다.

　물론 반 고흐가 「사이프러스와 별이 있는 길」에서 아를의 밤 풍경을 그대로 옮겨놓고자 했던 것은 아니다. 이 그림의 비밀은 바로 음악에 있다. 반 고흐는 음악과 미술을 동일하게 생각했던 화가이기도 했다. 특히 바그너에 심취한 반 고흐는 고갱과 함께 음악과 미술의 상관관계에 대해 자주 토론을 벌였다. 바그너의 음악에 대한 반 고흐의 논의는 스테판 말라르메의 영향을 받은 것처럼 보인다. 말라르메는 음악을 꿈에 비유하면서 색채, 주제, 인물 성격 같은 복잡한 법칙을 동시적으로 체현하고 있는 예술로 파악하고 있는데, 이런 생각은 그림을 작곡과 동일시했던 드가에게 깊은 영향을 미쳤다. 색채의 조합과 음조의 화합을 같은 성질의 예술로 파악했다는 점에서 이들은 나중에 등장할 칸딘스키의 추상화를 미리 예견했던 것이라고 볼 수도 있을 것이다.

　음색을 색조로 표현할 수 있다고 생각했던 칸딘스키의 예술관은 서로 다른 예술의 기호가 절대적인 차원에서 통약할 수 있을 것이라는 모더니즘의 이상을 구현한 것이다. 절대적인 소통에 대한 갈구야말로 오직 화폐가치로 교환 가능한 것만을 소통의 대상으로 설정하는 자본주의 근대 사회에 대한 모더니즘 예술의 저항이었다고 하겠다. 자본주의 사회는 화폐가치를 중심으로 모든 가치가 똑같아진다. 예술가의 퍼포먼스나 편의점에서 아르바이트를 하는 것이나 화폐가치를 통해 '동일한 노동'으로 간주되는 것이 자본주의의 특징이다. 근대 예술가의 불만은 바로 여기에 있었다. 자본주의와 화해할 수 없는 예술의 절대성을 인정해야 예술가의 존재가치가 증명될 수 있었던 것이다. 이렇게 모더니즘 예술은 평준화되고 교환될 수 없는 절대적인 것을 주장했다. 이 절대성을 구성하는 것은 감각이었다.

시인 보들레르 못지않게 근대 화가들에게 영향을 미친 동시대 예술가는 바로 바그너이다. 이 독일 작곡가의 예술이 이렇게 라인 강 너머에서 깊은 영향력을 발휘할 수 있었던 까닭은 종교를 대체할 수 있는 대안으로 예술을 설정하는 파격적인 이념 때문이었다. 그래서 반 고흐는 "나는 신을 믿고, 모차르트를 믿고, 베토벤을 믿는다"라고 말할 수 있었다. 얼핏 생각하면 상대주의 같지만, 사실은 아름다움이라는 범주를 진리로 생각했기에 이런 발언이 가능했던 것이다. 반 고흐에게 이 아름다움은 무엇이었을까. 세상을 떠나버린 반 고흐에게 물어볼 수 없는 노릇이지만, 그가 쏟아내고 간 그림과 글을 보면 살아 있는 동안 꿈꾸었던 것이 무엇이었는지 짐작할 수 있을 것 같다.

음악과 그림을 동일시했다는 점에서 반 고흐는 공통 감각의 가능성을 신뢰했고, 이런 측면에서 그가 생각했던 이상적 예술이라는 것은 교향악처럼 서로 다른 감각들이 조화롭고 평등하게 공존하면서 융합을 이루어내는 차원이었다고 볼 수 있겠다. 이런 이상을 공유했기에 반 고흐와 고갱은 색채의 음악가이기도 했던 것이다.

반 고흐는 에인트호번에 있을 무렵 잠깐 오르간 연주를 배우기도 했다. 반 고흐가 바그너에 심취하게 된 것도 이 경험이 계기가 되었다. 그러나 반 고흐의 오르간 수업은 그렇게 성공적이지 못했다. 음악이 주는 영감에 도취된 반 고흐가 음색과 색조를 서로 비교하면서 쉴 새 없이 수다를 늘어놓았기 때문이다. 음악의 화성을 푸른색과 노란색으로 채색할 수 있을 것이라고 흥분해서 말을 쏟아내는 수강생을 참아줄 음악 선생은 흔하지 않았다. 결국 오르간 연주 수업은 오래 가지 못했지만, 반 고흐에게 이 경험은 음악과 그림을 연관해서 사유할 수 있는 길을 열어주었다.

사실 모더니즘의 핵심은 '공감각'이라는 용어에서 확인할 수 있을 것이다. 우리에게도 익숙한 사례를 들자면, "분수처럼 흩어지는 푸른 종소리"라는 표현이 바로 공감각적인 느낌을 담아낸 것이다. 공감각이라는 것은 이렇게 하나의 감각을 통해 다른 감각도 동시에 경험할 수 있는 상태를 의미한다. 이런 경험은 결코 하나로 통일할 수 있는 것이 아니다. 개별 감각이 모두 살아 있으면서 공존하는 것이다. 반 고흐가 그린 「사이프러스와 별이 있는 길」은 이런 예술관을 선명하게 드러낸다. 이 그림에서 사이프러스는 나무라는 형태적 측면을 벗어난다. 마치 추상화처럼 나무라는 개채성은 무의미해지고 색채와 선이 음조처럼 화음을 맞추어서 너울거린다.

고갱과 함께 이룩하고자 했던 화가 공동체의 꿈이 산산조각 나고, 가장 신뢰하고 사랑했던 동지와 파국적 결말을 맞이한 뒤에 남은 회한이 이

반 고흐, 「사이프러스」, 캔버스에 유채, 93×74cm, 1889, 뉴욕 메트로폴리탄 미술관

그림에 교향악처럼 울려 퍼지고 있다. 바그너의 음악을 들으면서 이 그림을 한번 감상해보자. 아를에서 고갱과 행복하게 저녁 산책길에 나서던 벅찬 반 고흐의 숨결이 지금 느껴지지 않는가.

귀에 붕대를 맨 자화상
반 고흐, 캔버스에 유채, 60×49cm, 1889, 런던 코톨트 갤러리

파국은 갑자기 찾아왔다. 물론 모든 재난이 그렇듯, 오랜 기간 동안 잠복하고 있었지만 그 끔찍한 참상은 순식간에 드러났다. 고갱은 더 이상 아를에 머물 수가 없었다. 무엇보다도 반 고흐의 기벽에 질릴 만큼 질려버렸다. 특히 술에 취한 반 고흐의 '주사'는 참기 어려운 것이었다. 사리에 맞지 않는 모호한 문장을 나열하거나 의미 없는 행동을 반복하기도 했다. 12월로 접어들면서 반 고흐의 폭음은 더욱 심해졌고, 이런 술주정은 고갱을 더욱 지치게 만들었다.

고갱은 몰래 슈페네커라는 친구에게 편지를 보내서 브르타뉴에서 일할 수 있는 방법을 찾으려고 했다. 그러나 고갱은 테오와 맺은 계약을 생각해서 항상 조심스러웠다. 형과 함께 아를에서 작업한다는 조건으로 매달 돈을 받고 있었기 때문에 테오의 심기를 건드리고 싶지 않았던 것이다. 그렇다고 아를의 생활을 계속 유지하기도 힘들었다. 반 고흐에게 행복한 낙원처럼 보인 아를이지만, 고갱에게는 또 다른 지옥의 연장이었을 뿐이다.

테오에게 판매를 의뢰하기 위해 보낼 작품도 더 이상 없었다. 궁지에 몰린 고갱이 선택할 수 있는 길은 아를을 떠나는 것뿐이었다. 12월 22일 토요일 고갱은 슈페네커에게 일자리를 알아봐달라는 장문의 편지를 써서 부쳤다. 그리고 그다음 날인 12월 23일 일요일 드디어 그 사건이 발생한다. 비극이 마침내 현실로 나타난 것이다.

고갱이 아를을 떠날 것이라는 예감에 반 고흐는 항상 불안했다. 떠날 마음에 사로잡힌 고갱을 눌러 앉히기 위해 반 고흐는 별의별 생각을 다 짜내고 있었다. "아를의 여인이 나를 구했다"라고 이야기하던 드가를 떠올리며 고갱이 아를의 여인에 관심을 가지면 떠날 생각을 하지 않을 것이라고 혼자 망상을 하기도 했다. 그러나 이런 생각도 반 고흐의 불안을 잠재우지는 못했다. 마침내 반 고흐는 고갱에게 묻기 힘든 질문을 던지고 말았다. 그날이 바로 12월 23일이었다. 후일 고갱은 이 순간을 회상하면서 베르나르에게 이렇게 말했다.

나는 아를을 떠나야했어. 반 고흐가 너무 이상한 행동을 했기 때문에 참을 수가 없었지. 심지어 나에게 "정말 떠날 거야?"라고 묻기도 했어. 그래서 "그렇다"고 대답하자, 신문에서 "살인자가 도주했다"라고 쓰인 문장을 찢어서 내 손에 쥐여줬다고.

폴 고갱, 『야만인의 글(The Writings of a Savage)』에서

반 고흐, 「파이프를 물고 귀에 붕대를 맨 자화상」, 캔버스에 유채, 52×46cm, 1889, 개인 소장

고갱의 입장에서 생각해보면, 참으로 무시무시한 장면이다. 그러나 그때까지도 고갱은 반 고흐의 행동을 대수롭지 않게 봤던 것이 분명하다. 이런 일이 있었음에도, 고갱은 반 고흐와 함께 저녁을 차려 먹은 뒤 홀로 산책하러 나섰기 때문이다. 그런데 그 뒤에 사건이 벌어졌다. 고갱이 산책을 나가자 반 고흐는 곧바로 그의 뒤를 따라갔다. 처음에 눈치 채지 못했지만 고갱은 곧 자기를 따라오는 익숙한 발소리를 듣고 반 고흐라는 것을 알았다. 반 고흐가 수상한 짓을 할까봐 두려웠던 것인지, 고갱은 뒤를 돌아봤다. 그러자 반 고흐는 고갱에게 "너는 말을 하지 않아. 하지만 나 또한 말하지 않을 거야"라고 이상한 말을 했다. 이 진술은 당시에 고갱이 친구였던 알베르 오리에에게 했던 말이다.

그러나 그 사건이 발생한 지 15년이나 흐른 뒤에 고갱은 이 사건에 대해 더 충격적인 사실을 털어놓는다. 반 고흐가 광기 어린 눈빛으로 면도칼을 들고 달려왔다는 것이다. 그러나 실제로 반 고흐가 고갱에게 면도칼로 위협을 가했다고 보기는 어렵다. 이런 고갱의 진술이 얼마나 정확한지, 이 둘의 관계를 연구한 학자들 사이에서도 의견이 분분하다. 평생토록 폭력적인 성향을 거의 보이지 않았던 반 고흐가 그날 밤 유독 고갱에게 그랬을 가능성이 희박하다는 것이 대체적인 생각이다. 만일 그렇다면 고갱은 왜 군이 반 고흐의 폭력성을 강조할 수밖에 없었을까? 고갱이 반 고흐에게 일말의 죄책감을 느끼고 있었기 때문에 이런 상상을 지어냈을 것이라고 주장하는 견해도 있다.

잘 알려진 것처럼, 산책길에 나선 고갱을 따라갔던 반 고흐는 그 길로 노란 집으로 돌아와서 귓불을 자른다. 그때 시간이 아마도 밤 10시 30분에서 11시일 것이라고 학자들은 추정한다. 테오에게 편지를 쓰거나 아니면 카페에서 술을 진탕 마시는 평소 습관과 다른 행동을 보인 것이다. 그만큼 반 고흐에게 고갱은 일상의 질서를 뒤흔들어놓을 만큼 대단한 의미를 가진 존재였다는 사실을 알 수가 있다. 방 전체에 피가 튀어서 엉망이 되었다. 반 고흐는 노란 집을 위해 특별히 직접 골랐던 침대보를 찢어서 흐르는 피를 닦았다. 자른 귓불을 들고 반 고흐는 브로텔로 가서 라셀이라는 매음녀를 찾았다. 라셀에게 귓불을 건넨 뒤에 반 고흐는 노란 집으로 돌아와 그대로 쓰러져 잠이 들어버렸다.

역사에는 '만일'이라는 것이 없지만, 그날 밤 고갱이 반 고흐를 따라 노란 집으로 돌아가서 친구를 위로했다면 이런 비극은 일어나지 않았을지도 모른다. 이런 가능성에 대해 너무도 잘 알고 있었기에 죄책감에 사로잡힌 고갱은 후일 자신을 따라온 반 고흐가 미쳐서 면도칼을 휘둘렀다는 상상을 지어냈다는 것이 설득력 있는 추측이다. 그때 고갱이 반 고흐를 피해 호텔로 도망가서 자지만 않았더라도 상황은 크게 달라졌을 것이다. 물론 이런 요구가 고갱의 입장에서 본다면 다소 가혹할 수 있겠지만 말이다.

해바라기를 그리는 반 고흐
고갱, 캔버스에 유채, 73×91cm, 1888, 암스테르담 반 고흐 미술관

반 고흐가 귓불을 자르기 전에 일어난 일에 대해 유일하게 알고 있는 증언자는 고갱뿐이다. 그러나 고갱의 진술을 얼마나 신뢰할 수 있는지 의견은 분분하다. 심지어 어떤 미술사학자는 반 고흐의 귀를 다치게 한 장본인이 고갱이라는 주장까지 내놓아서 파란을 일으켰다. 서로 싸우던 중에 위협을 느낀 고갱이 펜싱용 칼을 던져서 반 고흐의 귀에 맞혔다는 것이다. 물론 이런 주장의 신빙성에 대해서 확신할 수는 없다. 그만큼 이 사건은 증인도 없고 진술도 허술한 상태로 미술사에서 해명하기 어려운 사건으로 기록되어 있다. 다만 아를의 지역 신문에 실릴 정도로 이 사건은 당시 주민들 사이에서도 충격적인 일이었다는 것은 확실하다.

앞서 이야기했듯이 고갱은 반 고흐가 면도칼을 들고 자신을 위협했다고 진술했지만, 평소 반 고흐의 태도나 행동을 봤을 때 상당히 신빙성이 떨어지는 증언이라고 할 수 있다. 그러나 확실한 것은 반 고흐가 떠나려는 고갱을 필사적으로 붙잡으려고 했다는 사실이다. 뜻대로 되지 않자 반 고흐는 만취한 채 고갱에게 압생트 잔을 던지기도 했는데, 이런 폭력적인 모습에 고갱도 질려버릴 수밖에 없었을 것이다.

반 고흐와 고갱의 불화는 날씨 탓도 있었다. 겨울이 되어 추워지고 비가 자주 내려서 야외에서 작업을 할 수가 없었다. 빈센트는 동생 테오에게 혹독한 겨울 추위에 괴롭다는 사연을 담은 편지를 보내기도 했다. 서로 영향을 주고받긴 했지만 반 고흐와 고갱은 그림에 대해 근본적인 입장 차이를 가지고 있었다. 반 고흐가 자연에 있는 대상을 중요하게 생각했다면, 고갱은 현실 자체가 불완전하기 때문에 그것을 그대로 그릴 수 없다고 주장했다. 날씨 때문에 부득이하게 실내에서 작업을 해야 했기에 고갱의 설득이 반 고흐에게 먹혀 들어갔다. 물론 마지못해 동의는 했지만 반 고흐가 행복했을 리는 없었다.

이런 감정의 기복은 그렇지 않아도 불안 불안했던 관계를 더욱 악화시켰다. 반 고흐는 실내에서도 줄곧 해바라기를 그렸는데, 고갱은 그런 빈센트의 초상을 그렸다. 「해바라기를 그리는 반 고흐」가 바로 그것이다. 그런데 그 모습이 마치 미친 사람처럼 보인다고 반 고흐는 불평을 늘어놓았다. 아버지에게서 줄곧 불안한 정신 상태에 대한 지적을 들었던 반 고흐는 자신이 다른 사람에게 미치광이로 비치는 것을 극도로 염려했다. 때문에 고갱이 그린 자신의 초상화를 보자 민감하게 반응했던 것이다. 고갱의 입장에서 어리둥절했겠지만, 여하튼 반 고흐는 고갱마저 자신을 그렇게 취

반 고흐, 「자화상」, 캔버스에 유채, 57×44cm, 1889, 개인 소장

급하는 것 같아서 기분이 좋지 않았다.

삐걱거리는 관계를 개선해볼 요량이었을까. 12월 중순 두 화가는 몽펠리에로 여행을 떠난다. 그러나 상황은 오히려 악화되었다. 반 고흐와 고갱은 그림에 대해 의견을 달리하면서 언쟁을 벌였다. 테오에게 보내는 편지에서 반 고흐는 다음과 같이 쓰고 있다.

고갱과 나는 들라크루아와 렘브란트 등에 대해 많이 이야기했어. 논쟁이 너무나도 격렬해서 우리는 머리가 피곤해져 마치 전류가 다 빠져나간 전지 꼴이 되었어. 마법에 걸린 것 같았지. 프로망탱이 정확히 말했듯이, 렘브란트는 무엇보다 마술가이고, 들라크루아는 신앙인이야. 제기랄, 그것으로 사이좋게 되길 바랐는데.

1888년 12월 후반 테오에게 쓴 편지에서

무엇인가 완전히 틀어졌다는 느낌이 이 편지에서 감지된다. 몽펠리에를 다녀온 뒤에 고갱은 더욱 반 고흐와 함께 있고 싶은 마음을 잃었다. 긴장이 흐르는 한 달이 지나갔다. 반 고흐는 불편해져버린 고갱의 마음을 느끼고 안타까워했지만, 어떻게 하면 그를 붙잡아둘 수 있을지 방법을 알 수 없었다. 그리고 고갱의 마음을 돌려세우기에 이미 늦어버린 감도 없지 않았다. 귓불을 자르는 운명의 저녁이 다가오는 줄도 모른 채 그날 낮 무렵에 반 고흐는 동생에게 편지를 썼다. 이 편지에서 반 고흐는 고갱에게 안정이 필요하다고 말했다. "여기에서 안정을 찾지 못하면 어디에서 그것을 찾을 수 있을까"라고 쓰기도 했다. 반 고흐는 고갱을 붙들어두고 싶어서 이런 말을 했겠지만, 사실 안정을 찾아야 했던 장본인은 반 고흐 자신이었는지도 모를 일이다.

그날 밤 반 고흐의 귀를 받아든 브로델의 매음녀 라셸은 기겁해서 경찰에 신고했고, 노란 집에 들이닥친 경찰은 죽은 듯이 잠들어 있는 그를 발견했다. 소식을 듣고 고갱도 노란 집으로 와서 테오에게 급히 와달라는 전보를 쳤다. 밤늦게 도착한 테오는 아픈 형을 병원에 입원시켜야 했다. 이미 때가 늦어서 귓불을 봉합할 수는 없었다. 문제는 귀보다도 정신이었다. 병원에서 정신 상태가 위험하니 주의를 해야 한다는 진단이 내려졌다. 반 고흐를 병원에 입원시킨 뒤에 고갱은 테오를 따라서 파리로 갔다. 반 고흐는 정신병원에서 새해를 맞이한 뒤에 퇴원했고, 테오에게 고갱을 비판하는 편지를 썼다. 고갱이 아를을 떠난 것을 비난하면서 반 고흐는 "그가 아를을 떠난 것은 마치 이집트에서 파리에 돌아온 키 작은 나폴레옹처럼 어려운 입장에 있는 자기 부하를 포기한 것과 마찬가지"라고 썼다.

그러나 동생에게 비난조의 편지를 쓰긴 했지만 반 고흐의 진심은 달랐다. 고갱에게 보내는 편지에서 반 고흐는 "필요하다면 언제든 다시 시작할 수 있을 정도로 여전히 서로 좋아하고 있다"라고 믿는다는 말을 했기 때문이다. 테오에게 고갱이 자신의 「해바라기」 그림을 요구했는데 이게 말이 되는 소리냐며 분개했던 반 고흐가, 고갱에게 보내는 편지에서는 자신의 그림을 지금 당장 줄 수는 없지만 똑같은 그림을 한 점 더 그려서 보내

반 고흐, 「해바라기」, 캔버스에 유채, 92×73cm, 1888, 뮌헨 노이에 피나코테크

겠다고 약속하고 있는 것을 어떻게 받아들여야 할까. 반 고흐는 해바라기 그림을 달라는 고갱의 요구가 부당하다고 항변하면서도 내심 자기 그림의 진가를 고갱이 알아주는 것에 대해 기뻐하는 기색을 역력히 드러낸다. 정말 둘은 상극이면서도 서로를 필요로 하는 운명의 관계였던 것이다.

아를 병원의 병실
반 고흐, 캔버스에 유채, 74×92cm, 1889, 빈터투어 오스카 레인하르트 미술관

1889년 반 고흐의 운명은 본격적으로 비극으로 접어들기 시작했다. 1888년 12월에 발생한 사건에 대해 반 고흐는 전혀 인지하지 못하고 있었다. 그 자신이 고갱과 결별할 수밖에 없었던 극단의 선택에 대해 아무런 느낌을 갖고 있지 못했던 것이다. 귓불을 자른 뒤에 반 고흐는 아를의 병원에 입원해 있었다. 그때 그가 그린 그림 중 하나가 바로 「아를 병원의 병실」이다. 이 그림을 보면 반 고흐가 어떤 병실에서 머물면서 치료를 받았는지 알 수 있다. 병원에서 퇴원한 뒤에 반 고흐는 테오에게 편지를 써서 상황을 보고했다.

병원에 지불해야 할 돈이 103프랑 50상팀이라는 말과 함께 8일에 돈이 다 떨어졌다고 반 고흐는 전한다. 돈이 다 떨어졌으니 먹을 것을 살 돈도 없었을 것이다. 테오의 편지를 받기 전까지 반 고흐는 거의 먹지 못했다고 고백하는데, 참으로 가슴 아픈 일이라고 할 수밖에 없다. 한때 미래를 장밋빛으로 수놓았던 화가 공동체에 대한 꿈은 산산이 부서지고, 믿었던 고갱도 떠나버렸다. 이제 남은 것은 추억만을 남긴 채 덩그러니 그를 맞이하고 있는 노란 집뿐이었다.

1889년 1월 고갱에게 쓴 편지에서 반 고흐는 친구였던 룰랭마저 전근으로 떠나버린 노란 집의 분위기를 쓸쓸히 알리고 있다. 친하게 지내던 친구들을 떠나보낸 반 고흐의 심정은 언제 발작을 일으킬지 모르는 자신의 처지로 인해서 더욱 비참했을 것이다. 「아를 병원의 병실」은 이런 반 고흐의 내면을 잘 보여주는 그림이다. 5월에 생 레미에 있는 요양원으로 떠나기 전에 그린 이 그림에서 반 고흐는 병원에서 느꼈던 삭막하면서도 서글픈 마음을 붓끝으로 표현해놓고 있다. 희망에 들떠서 찾아들었던 아를의 생활이 이 병원에서 끝났던 것이기에 더욱 애잔한 정서를 자아낸다고 하겠다.

건강을 해치지 않는 선에서 그림을 그릴 수 있도록 허락을 받은 반 고흐였지만, 이 그림에서 드러나는 것처럼 그의 마음은 깊은 고립감에 젖어 있었다고 할 수 있다. 자신의 문제는 육체적 건강이라기보다, 마음의 불안증이라는 사실을 반 고흐 자신도 알고 있었다. 그렇기에 그는 완강하게 자신의 마음에 문제가 있다는 점을 인정하지 않고 싶었던 것인지도 모른다. 「아를 병원의 병실」에서 공간감은 「밤의 카페」처럼 왜곡되어 있다. 과장되게 표현되어 있는 병실 복도의 모습은 전경을 차지하고 있는 난로 주변의 환자들과 어우러져서 강렬한 고독감을 연출한다.

반 고흐, 「병원 입구」, 캔버스에 유채, 61.6×47.1cm, 1889, 암스테르담 반 고흐 미술관

반 고흐, 「아를 병원의 안뜰」, 캔버스에 유채, 73×92cm, 1889, 빈터투어 오스카 레인하르트 미술관

비슷한 정서를 「병원 입구」라는 그림에서도 확인할 수 있다. 이 그림에서 반 고흐는 병원 건물 안에서 바깥을 바라보는 모습을 그려놓았다. 물론 이 경우는 「아를 병원의 병실」에 비해서 훨씬 밝은 느낌을 전달하고 있다. 「아를 병원의 안뜰」도 마찬가지이다. 이 그림은 꽃으로 화사한 안뜰의 정경을 담고 있다. 이 그림에서 중심은 오른쪽에 있는 병원 건물이 아니라, 왼쪽을 넓게 차지하는 안뜰의 꽃밭이다. 다시 발작을 일으킬지도 모른다는 공포와 불안에 항상 시달렸지만, 한 가닥 희망의 끈을 놓지 않고 싶었던 것일까. 아를의 마지막 시기에 반 고흐는 끔찍한 시간을 보냈지만, 그의 그림 모두가 이런 우울로 채워졌던 것은 아니었다.

그러나 반 고흐의 상태는 호전되기 어려운 지경이었다. 귀를 자른 사건 이후에 반 고흐의 친구 룰랭은 테오에게 그의 모습에 대해 자세하게 전한다. 룰랭의 표현에 따르면 정신이 나간 채 반 고흐는 횡설수설했다. 룰랭을 알아보기는 했지만, 반가운 표정을 짓지도 않았고 가족의 안부도 묻지 않았다는 것이다. 동생 테오에게 쓴 편지에서 빈센트는 애써 담담한 모습을 보여주려고 했지만, 룰랭의 증언은 이런 태도를 의심하게 만들기 충분했다. 테오는 형에 대한 보고를 다방면으로 듣고 정신요양원에 가서 치료받을 것을 권할 수밖에 없었다.

더 이상 발작이 없었을 것 같다는 진단을 받고 퇴원하는 날, 반 고흐는 룰랭을 만나서 같이 식사했다고 1889년 1월 17일 테오에게 보내는 편지에서 진술하고 있지만, 한 달 전까지도 병문안을 온 룰랭 부인을 만난 뒤에 발작을 일으켰다. 발작이 일어나면 반 고흐는 식음을 전폐하고 폭력

반 고흐, 「펠리킨 레이 박사의 초상」, 캔버스에 유채, 53×64cm, 1889, 푸시킨 미술관

적으로 바뀌는 경향이 있었기 때문에 독방에 수용될 수밖에 없었다.

「아를 병원의 병실」이 보여주는 것은 이런 반 고흐의 마음 상태라고 할 수 있다. 이 그림은 본격적으로 요양원에 가기 전에 그려진 그림이라는 점에서 이른바 '생 레미 시절'에 그려진 걸작들의 연장선에 있다고 말할 수 있다. 죽음을 향해 치달아갔던 그 시절에 우리가 알고 있는 빈센트 반 고흐의 유명한 작품들이 완성되었다는 것은 분명 아이러니이다. 가장 불행했던 시절이 가장 독특한 작품들을 낳았다는 사실에 반 고흐의 비극성이 드리워져 있을 것 같다.

반 고흐는 거듭 고갱에게 병문안이라도 와줄 것을 부탁했지만, 고갱은 그러지 않았다. 고갱은 자신을 보면 다시 발작을 일으킬지도 모른다고 염려했다. 형의 상태를 살펴보기 위해 아를에 온 테오의 뒤를 따라 고갱은 파리로 떠났다. 작품과 소지품도 노란 집에 그대로 남겨둔 채 서둘러 도망치듯 가버린 것이다. 그 이후 둘은 두 번 다시 만날 수 없었다.

노란 예수
고갱, 캔버스에 유채, 92×73cm, 1889, 버팔로 올브라이트녹스 미술관

반 고흐와 결별한 뒤에 고갱은 잠깐 파리에 머물다가 퐁타방으로 다시 돌아갔다. 그곳에서 그는 상징주의 미술의 개화를 알리는 문제작 두 점을 그린다. 유명한 「노란 예수」와 상대적으로 덜 알려진 「초록 예수」가 그것이다. 이 그림들을 보면 고갱이 반 고흐와 어떤 면에서 전혀 다른 길을 걸을 수밖에 없었는지 그 이유를 알 수가 있다.

　　반 고흐의 표현에 따르면, 몽펠리에에서 둘은 들라크루아의 그림을 두고 "전기 스파크가 튀는 것처럼" 싸웠다. 이들을 이렇게 서로 싸우게 만든 것은 예술에 대한 입장 차이였다. 무의식의 차원에서 고갱은 반 고흐에게 아버지이자 어머니 같은 존재였지만, 의식의 수면으로 떠오른 둘의 관점은 언제나 충돌을 일으켰다. 아를에 대한 관점에서도 둘은 서로 달랐다. 베르나르에게 보내는 편지에서 고갱은 "빈센트가 도미에의 영향을 느

고갱, 「초록 예수」, 캔버스에 유채, 92×73cm, 1889, 벨기에 왕립미술관

끼고 있다는 것이 이상하다"라며, 자신은 일본 그림의 주제를 발견한다고 말하는데, 이렇게 상대방 그림에 대한 평가에서 둘은 서로 의견 충돌을 일으켰던 것이다.

당연한 일이지만, 멀리 있으면 표시가 잘 나지 않아도 가까이 붙여 놓으면 관계의 양상이 극명하게 드러나는 법이다. 고갱과 반 고흐도 그랬다. 성격도 평범하지 않은 처지에 예술에 대한 관점마저 한 지붕 아래 같이 놓기 어려웠으니 어떤 상황이 벌어졌겠는가. 겉으로 드러나진 않았지만, 이들의 관계는 날이 갈수록 고통스러워졌을 것이 빤하다. 말하자면, 아를에서 머무는 동안 파리에 머물 때보다도 더욱 견해 차이가 증폭될 수밖에 없었다. 고갱은 역시 베르나르에게 보내는 편지에서 "빈센트와 자신 사이에 무슨 일치점을 발견하기 어렵다"라고 고백하고 있다. 반 고흐는 프랑스의 혁명 화가 도미에나 전원 화가인 도비니를 존경하고 루소를 경모하지만, 고갱은 앵그르와 라파엘로, 그리고 드가에게 호의를 갖고 있었다.

오죽했으면 고갱이 베르나르에게 "빈센트는 내가 좋아하는 모든 사람을 싫어한다"라고 말했을까. 고갱은 집안의 평화를 위해서 어쩔 수 없이 반 고흐의 말들이 옳다고 맞장구를 쳐준다고 털어놓았다. 고갱의 고충도 말이 아니었던 것이다. 고갱의 진술에 따르면, 그가 궁극적으로 아를에서 보고자 했던 것은 '원시 상태'였다. 그러나 고갱에게 반 고흐는 여전히 낭만주의에 젖어 있는 것처럼 보였을 뿐이다. 고갱이 말하는 원시라는 것은 서구의 미학 전통을 완전히 부정한 원형의 상태를 의미할 것이다. 그러나 반 고흐는 이런 고갱의 미학에 별반 관심을 보이지 않았다. 그에게 중요했

고갱, 「노란 예수와 함께 있는 자화상」, 캔버스에 유채, 38×46cm, 1889, 생제르맹앙레 모리스 드니 미술관

던 것은 도미에나 도비니 같은 19세기적인 주제 의식이었다고 할 수 있다.

　따라서 미학적 혁신이라는 측면에서 본다면, 반 고흐는 고갱보다 다소 낡은 것에 매료되어 있었던 셈이지만, 이 또한 고갱의 진술이기에 일방적으로 신뢰하기는 어렵다. 다만 둘 사이에 건널 수 없는 예술적 차이가 존재했다는 것만 인정할 수 있겠다. 고갱의 입장에서 본다면 반 고흐는 이해할 수 없는 그림을 그리는 사람에 불과했다. 고갱은 반 고흐를 낭만주의적인 그림에 빠져 있다고 보았지만, 정작 반 고흐가 시도한 기법에 대해 이해하지 못했던 것은 사실이다. 반 고흐가 물감을 덧칠해서 우연한 효과를 얻는다고 고갱은 비난하고 있지만, 이런 기법이 반드시 고갱의 불평을 받아야 할 만큼 형편없는 것은 아니었기 때문이다.

　반 고흐는 그림이라는 것이 화가 개인의 작품일 수 없다는 사실을 잘 보여준 사례라고 볼 수 있는데, 고갱은 이런 반 고흐의 태도를 받아들이기 어려웠다. 그에게 그림이라는 것은 일정한 규칙에 따라 구성되어야 하는 작업에 가까웠던 것이라고 할 수 있다. 이런 고갱의 태도는 드가를 연상시켰다. 드가는 자신의 그림을 작곡에 비유하면서, 그림이라는 것은 우연의 산물이라기보다 치밀한 계획의 결과라고 말했는데, 고갱이 존경하는 화가가 드가였다는 사실을 감안다면, 고갱의 예술관이 어디에서 연유한 것인지 어렵지 않게 알 수 있다.

　이런 의미에서 「노란 예수」는 반 고흐와 화해할 수 없었던 고갱의 미학을 잘 보여주는 작품이라 할 수 있다. 아를을 떠난 뒤에 고갱은 퐁타방으로 돌아와서 이 그림을 그렸는데, 작품에 그려진 노란 예수의 모델은 퐁

고갱, 「브르타뉴의 이브」, 수채와 파스텔, 33.7×31.1cm, 1889, 텍사스 맥네이 미술관

타방 교회에 있는 예수상이다. 퐁타방 교회에 걸려 있는 예수상이 노란색으로 칠해져 있었던 것이다. 이 그림은 예수의 처형 광경을 그린 것이지만, 그 배경은 19세기 브르타뉴라고 할 수 있다. 브르타뉴 전통 의상을 입은 여인들이 예수의 십자가를 둘러싸고 있는 모습에서 이를 알 수가 있다. 따라서 이 그림은 예수의 모습을 그린 것이지만, 종교적인 의미의 예수와 관계가 없다. 오히려 여기에서 예수의 모습은 하나의 상징으로 표현되고 있을 뿐이다.

비록 반 고흐와 비극적으로 결별하긴 했지만, 아를을 떠나서 다시 퐁타방으로 가면서 고갱은 자신의 길을 발견한 것이라고 말할 수 있다. 아를에 그가 갈망했던 원시의 상태는 존재하지 않았지만, 찾을 수 없는 대상을 찾아서 그가 타이티로 떠날 수 있는 계기가 마련되었던 것이다. 상징의 세계에서 그가 찾아 헤매었던 예술의 광경이 비로소 지평선 위로 모습을 드러내기 시작했다.

의사 가셰의 초상
반 고흐, 캔버스에 유채, 68×57cm, 1890, 오르세 미술관

반 고흐의 거울 같았던 가세의 초상

자살하기 6주 전에 반 고흐는 「의사 가세의 초상」을 두 점 그렸다. 그중 한 점은 지금 오르세 미술관에서 볼 수 있다. 반 고흐가 마지막 시간을 보낸 오베르 시절이 이 그림에 고스란히 담겨 있다. 생 레미에서 일 년을 머문 뒤에 반 고흐는 오베르로 거처를 옮겼다. 생 레미가 마음에 들지 않았기 때문이다. 반 고흐는 피사로에게 가고 싶었다. 세잔과 고갱을 키워낸 '아버지'가 피사로였으니, 아마 반 고흐도 피사로에게 마지막 희망을 걸고 싶었던 것인지도 모른다. 동생 테오는 빈센트의 의향을 피사로에게 전했고, 피사로는 가세를 만나서 상의해보라고 제의했다.

피사로는 반 고흐 못지않게 마음이 불안했던 세잔에게도 의사 가세를 소개시켜주었다. 그는 경제적으로나 심리적으로 당시의 아방가르드 예술인에게 도움을 주었다고 할 수 있다. 이런 가세의 모습에서 반 고흐는

"형제와 같은 완벽한 우정"을 발견한 것 같다고 여동생에게 보낸 편지에 밝혔다. 심지어 가셰와 자신이 "신체적으로나 정신적으로 유사하다"라고 말하기도 했다. 이렇게 둘은 급속도로 친해졌고, 「아를의 여인들」을 보고 흥미를 느낀 가셰의 요청으로 반 고흐는 그의 초상화를 그리게 되었던 것이다. 이 초상화에 대해 반 고흐는 다음과 같이 말했다.

> 1세기 뒤 사람들이 계시의 출현이라고 생각할 초상을 그리기를 소원한다. 달리 말하자면, 나는 사람들을 사진처럼 너무 흡사하게 그리지 않고 감정이 드러나는 표정을 그리고, 성격의 특성을 표현하는 수단으로서, 또 그 효과를 높이는 수단으로서, 색채에 대한 우리의 현대적인 지식과 감각을 이용하여 초상을 그리려 노력하고 있어.
> 1890년 6월 5일경 여동생 빌에게 보낸 편지에서

가셰의 모습에서 고갱을 잃은 뒤에 방황하던 반 고흐의 마음이 잠시 깃들 둥지를 발견했다고 할까. 물론 반 고흐의 불안이 꼭 고갱 때문이었다고 말하기는 어렵다. 반대로 반 고흐의 마음 상태가 고갱과 함께 보냈던 행복한 순간들을 향해 퇴행하고 있었던 것에 가깝다. 그러므로 「의사 가셰의 초상」에서 발견할 수 있는 마음의 안정은 오래갈 수가 없었다. 생 레미를 떠날 무렵에 이미 반 고흐의 상태는 최악이었다. 그의 그림을 알아주는 사람들이 하나둘 나타났고, 아방가르드 전시회에도 초청받았지만, 수시로 발작을 일으키는 바람에 작품 활동을 원활하게 할 수가 없었다. 특

반 고흐, 「의사 가셰의 초상」, 캔버스에 유채, 67×56cm, 1890, 개인 소장

히 발작을 일으키면 납 성분이 함유된 유화물감을 집어삼키곤 해서 요양원에서는 아예 유화를 그리지 못하게 금지당하기도 했다.

오베르로 올 당시에 이미 반 고흐는 절망적인 상황에서 그림만 생각했다. 시청 앞 카페 2층에 위치한 하숙집에서 그는 오직 그림 그리기에 몰두했다. 자살에 이르기 전 2개월 동안 80여 점을 완성했으니, 평균 하루에 한 점 꼴로 그림을 그렸다는 말이다. 거의 초인적인 노력이었다고 할 수 있다. 가셰는 반 고흐의 상태를 그렇게 심각하게 판단하지 않고 충분히 휴식을 취하고 대화 상대를 잘해주면 치유될 것이라고 생각했지만, 이런 반 고흐의 행동은 가셰의 예측을 벗어난 것이었다. 결과적인 이야기이지만, 가셰도 반 고흐에게 결정적인 도움을 주지 못했던 것이다.

가셰는 반 고흐에게 의사라기보다 모델에 가까웠다. 아내를 잃고 15년 동안 혼자 지낸 그의 모습은 반 고흐에게 멜랑콜리한 분위기를 느끼게 했을지도 모른다. 우울한 가셰의 모습이 고스란히 「의사 가셰의 초상」에 담겨 있다. 여러 면에서 이 그림은 반 고흐의 걸작에 포함시킬 만하다. 오베르 시절의 반 고흐는 파리에 머물 당시 보여주었던 작품 세계로 돌아간 것처럼 보였다. 들라크루아와 밀레의 그림에서 받은 영감을 표현한 그림들에서 이를 확인할 수 있다.

이런 오베르 시절의 그림 중에서 「의사 가셰의 초상」은 단연 돋보이는 작품 세계를 보여준다. 우울한 심정을 드러내는 그림을 다수 그리긴 했지만, 이 그림처럼 훌륭하게 표현된 경우는 없었다. 이유는 다양하겠지만, 무엇보다도 가셰에 대한 반 고흐의 유대감 때문이었다고 할 수 있겠다. 반

반 고흐, 「선한 사마리아인(들라크루아를 따라)」, 캔버스에 유채, 73×60cm, 1890, 크뢸러–뮐러 미술관

고갱, 「올리브 동산의 예수」, 캔버스에 유채, 73×92cm, 1889, 플로리다 노턴 미술관

고흐는 가세를 자신과 유사한 부류의 인간으로 받아들였는데, 자기 자신만큼이나 가세가 우울하고 불안한 성격의 소유자라는 사실을 본능적으로 깨달았던 것이다. 햇볕에 그을린 얼굴에 붉은 머리카락, 그리고 하얀 모자의 조화가 빚어내는 분위기는 반 고흐가 바라마지 않았던 것처럼 "1세기 뒤에 사람들이 계시의 출현이라고 생각할 초상"이라고 해도 손색이 없다.

흥미롭게도 반 고흐는 고갱에게 보낸 편지에서 고갱의 그림 「올리브 동산의 그리스도」를 흉내 내서 「의사 가세의 초상」을 그렸다고 고백한다. 편지에서 빈센트는 여전히 자신의 그림과 고갱의 관련성을 강조하면서 동생 테오도 이 점을 잘 안다고 말하는데, 그만큼 반 고흐는 고갱과 함께 보냈던 시간들을 잊지 못했던 것이다. 반 고흐는 자신을 종종 예수와 동일화했던 고갱의 '고뇌'에 대응해서 「의사 가세의 초상」을 그렸다고 했지만, 그가 이 그림에서 "남들에게 이해받지 못하는" 고통스러운 심정만을 표현하고자 했던 것은 아니다. 오히려 그는 절망을 다스리고 쓰라린 상처를 이겨내는 '영웅적 영성'을 드러내고자 했다.

「별이 빛나는 밤」에서 반 고흐가 추구했던 깊은 종교적 감수성이 「의사 가세의 초상」에서도 유감없이 드러나고 있는 셈이다. 고갱이 예수라는 종교적 상징을 통해 보여주고자 했던 예술과 현실의 갈등을 반 고흐는 가세라는 평범한 인간을 통해 그려내고자 했다. 게다가 이 인물은 반 고흐 자신과 너무도 닮아 있는 거울 같은 존재였다. 반 고흐의 생애에 허락된 마지막 두 달을 함께 보냈던 가세는 이렇게 초상화로 남아서 그날들을 증언해주고 있는 것이다.

까마귀 나는 밀밭(부분)
반 고흐, 캔버스에 유채, 50.5×103cm, 1890, 암스테르담 반 고흐 미술관

반 고흐처럼 작품 못지않게 삶이 주목을 받는 화가도 드물 것이다. 그만큼 그의 삶은 극적인 것이라고 할 수 있다. 그러나 정작 반 고흐가 죽음으로 치달아가던 그 시기에 대한 기록들은 애매모호하기 그지없다. 앞서 이야기한 것처럼 반 고흐가 무엇 때문에 귓불을 자르는 사건을 일으킨 것인지, 여전히 정확하게 알려진 사실이 없다.

반 고흐의 대표작으로 유명한 「까마귀 나는 밀밭」이라는 걸작을 둘러싼 설왕설래도 마찬가지이다. 대체로 이 그림은 반 고흐의 마지막 작품이라고 알려져 있지만, 이는 사실과 다르다. 정황상으로도 반 고흐가 이 그림을 그리다가 자살에 이른 것이라고 보기 어려운데, 1890년 7월 10일경 테오에게 보낸 편지에서 이 그림에 대해 언급하고 있기 때문이다. 자신이 동생들에게 짐이 되고 있다는 사실을 참기 힘들다는 내용과 함께 "불안한

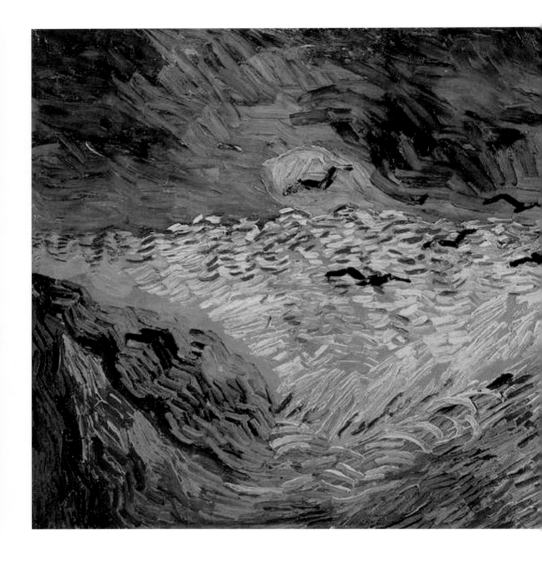

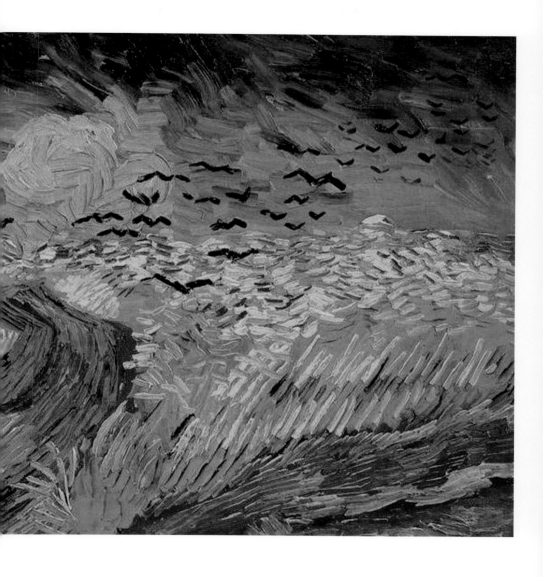

반 고흐, 「까마귀 나는 밀밭」, 캔버스에 유채, 50.5×103cm, 1890, 암스테르담 반 고흐 미술관

하늘 아래 펼쳐진 거대한 밀밭"을 담은 그림 세 점을 그렸다고 전했던 것이다. 반 고흐는 이렇게 말한다.

> 나는 명료한 정신으로 극도의 슬픔과 고독을 표현하고자 노력했어. 곧 볼 수 있을 거야. 가능한 빨리 파리에 가져 가려고 생각하니까 말이야. 나는 이 그림들이 내가 말로 표현할 수 없는 것, 즉 내가 시골에서 얼마나 건강하고 활기에 차 있는지를 말해주리라고 확신하기 때문이야.　　　　　　1890년 7월 10일경 테오에게 보낸 편지에서

이 진술에서도 반 고흐의 마음이 여전히 상반된 감정 상태를 오가고 있다는 사실을 어렵지 않게 읽어낼 수 있다. 「까마귀 나는 밀밭」이 "극도의 슬픔과 고독을 표현"했다고 말하는 한편으로 이 그림을 보면 자신이 지금 "얼마나 건강하고 활기에 차 있는지" 알 수 있을 것이라고 자신하는 것이다. 반 고흐가 이 편지에서 강조하고 싶었던 것은 자신의 슬픔과 고독을 이제 스스로 돌아볼 수 있게 되었다는 자신감이지만, 얼마 뒤에 실행한 자살을 염두에 둔다면, 이 편지에서 교차하는 감정의 굴곡은 범상한 것이 아니라고 하겠다.

어쨌든 이 편지에서도 확인할 수 있듯이 「까마귀 나는 밀밭」은 자살 직전에 반 고흐가 그린 그림이라고 보기 어렵다. 대신 어떤 역사가들은 「세 개의 뿌리」라는 작품을 생애 최후의 작품으로 지목하고 있는데, 이 또한 그냥 주장에 불과할 뿐이다. 그들이 이를 최후의 작품으로 지목하는

반 고흐, 「세 개의 뿌리」, 캔버스에 유채, 50×100cm, 1890, 암스테르담 반 고흐 미술관

이유는 전적으로 기법상 가장 완숙미를 선보이고 있기 때문이다. 「세 개의 뿌리」에서 반 고흐는 초기 헤이그 시절의 색감으로 회귀하면서 동시에 추상성을 강화한 것으로 평가 받는다. 이런 의미에서 여전히 도비니의 영향을 느낄 수 있는 「까마귀 나는 밀밭」보다 「세 개의 뿌리」가 마지막 작품으로 받아들여질 수도 있을 것 같다. 그러나 무엇 하나 확실한 것은 없다. 우리가 알고 있는 그 반 고흐는 어디에도 명확한 증거를 남겨놓지 않았다. 반 고흐의 마지막에 대해서 알려진 것은 생각보다 많지 않다. 다만 그가 남겨 놓고 간 작품들을 토대로 여러 가지 추측을 해보는 것이 고작이다.

그러나 「까마귀 나는 밀밭」은 최후의 작품은 아니라고 해도 죽음이라는 막다른 상황에 내몰린 반 고흐의 위기를 고스란히 보여주는 증언이라고 할 수 있다. 낮게 깔린 음울한 하늘빛은 희망을 찾을 수 없이 억눌린 반 고흐의 심경을 드러내는 것이고, 세 갈래로 나눠진 길은 그 무엇도 결정할 수 없는 딜레마의 상황을 보여주는 것 같다. 그리고 밀밭 위를 어지럽게 날아가는 까마귀는 궁극적으로 죽음에 이를 수밖에 없는 삶의 곤경을 암시하는 것일지도 모른다. 실제로 오베르의 밀밭을 가보면, 세 갈래 길이 만나는 지점에 공동묘지가 있다. 이 그림을 그릴 때만 해도 빈센트는 그의 동생 테오와 나란히 이 공동묘지에 묻힐 것이라고 짐작이나 했을까.

물론 해석은 자유이지만, 마냥 '아름답다'고 말할 수 없는 어두운 기운이 이 그림을 지배하고 있는 것만은 확실하다. 빈센트는 죽기 얼마 전인 1890년 7월 24일경에 테오에게 보낸 편지에서 고갱의 브르타뉴 작품에 대해 "정말 아름답다"고 찬사를 보내고 있는데, 이 사실에서 알 수 있듯이, 그는 여전히 고갱과 함께했던 아를의 시간들을 잊지 못했던 것이다. 그에게 고갱은 그냥 동료 화가에 불과한 존재가 아니었다. 어떻게 생각하면 고갱은 반 고흐의 미래를 의미하기도 했던 것이다.

이 편지에서 반 고흐는 "나는 지금 모든 정신을 집중해서 그림에 몰두"하고 있다면서, "내가 정말 좋아하고 숭배하는 화가들처럼 훌륭한 그림을 그리려고 노력"한다고 고백한다. 그러나 반 고흐의 말은 액면 그대로 받아들일 수 없는 암시를 포함하고 있다. 오베르에서 반 고흐가 느낀 것은 "점점 궁지에 몰리고 있는 화가들의 처지"뿐이었다. 그는 더 이상 삶의 희망을 발견할 수 없었다. 한때 현실의 문제를 타개하기 위해 고갱과 함께 화가 공동체를 꾸려보고자 했지만, 그 결과는 처참했다. 마지막 편지에서 반 고흐는 "공동체의 유용함을 그들에게 이해시키려고 노력할 시기가 이 제 지나버린 것 같다"라고 테오에게 말한다. 반 고흐가 죽음을 선택할 수 밖에 없었던 결정적 이유를 이 진술에서 발견할 수 있는 것이다.

이 편지를 쓰고 나서 3일 뒤, 그러니까 7월 27일에 반 고흐는 자신의 가슴을 총으로 쏘았고 이틀 뒤인 29일 새벽에 숨을 거둔다. 회복할 수 없 는 짙은 절망이 반 고흐를 짓눌렀다는 사실은 너무도 명백한 일이다. 마지 막 편지에서 반 고흐는 인상주의를 위한 화상들의 연대에 대해 회의적인 의견을 표명하면서 화가 공동체에 대해 발의했다가 헛물만 켠 꼴이 되어버 린 자신의 처지에 빗대어 "그런 경험을 맛본 자"라면 다시는 그것을 시 도하지 않을 것이라고 말한다. 무엇이 그를 죽음으로 몰고 간 것인지를 보 여주는 하나의 실마리를 여기에서 확인할 수 있다고 하겠다. 「까마귀 나는 밀밭」은 비록 마지막 작품은 아니지만, 마지막에 이를 수밖에 없었던 한 화가의 운명을 고스란히 보여주는 영화 같은 장면인 셈이다.

오베르의 도비니 정원
반 고흐, 캔버스에 유채, 51×51cm, 1890, 암스테르담 반 고흐 미술관

피어나지 못한 도비니 정원의 꽃

18 90년 7월 27일 오후에 집을 나섰던 반 고흐는 가슴에 치명적인 총상을 입고 돌아왔다. 권총으로 자기 가슴을 쏜 것이었다. 머물던 집의 주인인 라부 부부가 이 사실을 알고 가셰에게 알렸다. 치료를 시도했지만, 가셰가 보기에 가망은 없어 보였다. 그는 파리에 있는 테오에게 연락을 했다. 혼수상태에서 잠깐 깨어난 반 고흐는 담배부터 찾았다.

테오가 도착한 뒤에 형제는 오랫동안 네덜란드어로 대화를 나누었다고 한다. 그때까지 빈센트는 회복될 조짐을 보였지만, 밤이 되자 상태가 악화되어 결국 새벽에 테오의 팔에 안겨서 숨을 거두고 말았다. 파란만장했던 한 화가의 일생이 막을 내리는 순간이었다. 반 고흐의 죽음을 둘러싼 이야기들은 많지만, 아직까지 확실한 것은 없다. 막연하게 우울증 때문에 자살을 시도했다는 추측 이외에 반 고흐가 왜 자신을 죽음에 이르게 만들

반 고흐, 「도비니 정원」, 캔버스에 유채, 50×101.5cm, 1890, 바젤 미술관

었는지 정당한 이유를 발견하기 어려운 것도 사실이다. 충동적인 행동이었

는지 아니면 계획적인 결단이었는지 여전히 정확한 증거가 없는 것이다.

　　반 고흐의 자살은 많은 부분 의문으로 남아 있지만, 추리를 해보자

면 아마도 자기 자신에 대한 실망이 원인 중 하나였을 것이라고 짐작할 수

있다. 반 고흐는 평생 동안 수천 점의 그림을 그렸지만, 팔린 것은 딱 한

점이었을 뿐이다. 반 고흐의 그림은 지금이야 경매장에서 가장 고가로 거

래되는 작품 중 하나가 되었지만, 생전에 그의 그림은 쓸모없는 쓰레기에

불과했다. 오죽했으면 반 고흐의 가족마저도 그의 작품들을 상속할 의사

반 고흐, 「도비니 정원」, 캔버스에 유채, 53×103cm, 1890, 히로시마 미술관

가 없어서 고스란히 테오에게 넘겼겠는가.

　　반 고흐는 자신의 난국을 타개하기 위해서 고갱과 함께 화가 공동체를 꿈꾸었는데, 결과는 비참했다. 이렇게 그에게 닥친 현실적 실패들이 반 고흐에게 엄청난 패배감을 안겨주었을 것이라는 사실은 충분히 짐작할 만하다. 자살을 시도하기 전에 보낸 편지에서 빈센트는 경제적 어려움에 봉착했음에도 꼬박꼬박 돈을 부쳐주는 동생에게 아련한 고마움을 표현한다. 권총으로 가슴을 쏘기 3일 전에 동생에게 보낸 편지에서 빈센트는 "많은 것에 대해 쓰려고 노력해야겠지만, 그럴 기분이 아니다"라고 고백한다.

반 고흐, 「오베르 풍경이 있는 포도밭」, 캔버스에 유채, 64.2×79.5cm, 1890, 세인트루이스 미술관

"그래봤자 모두 헛일이라는 생각이 든다"라는 말도 덧붙이고 있다.

　설명하기 어려운 허무감이 그를 뒤덮고 있었다는 것을 짐작할 수 있는 것이다. 이런 우울한 기분을 잊어버리기 위해 반 고흐는 그림에 몰두하는 수밖에 없었다. 그렇게 탄생한 작품 중 하나가 바로 「도비니 정원」이다. 도비니는 반 고흐가 평생토록 존경했던 화가였다. 자신이 존경하는 화가의 정원을 그렸다는 것은 "정말 좋아하고 숭배하는 화가들처럼 훌륭한 그림을 그리려고 노력하겠다"라는 자신의 다짐을 확인시키는 것이기도 했다. 마지막으로 테오에게 보낸 편지에서 빈센트는 작업 중인 작품들에 대한 언급을 상세하게 하고 있다. 그는 「도비니 정원」을 일러 자신의 의도를 철저히 표현한 그림이라고 말한다.

　이 그림은 스케치를 거쳐서 두 점의 작품으로 완성되었는데, 비슷해 보이는 그림이지만 자세히 보면 서로 다르다는 것을 알 수가 있다. 234쪽 작품에 있는 검은 고양이가 옆 작품에서는 빠져 있다. 물론 검은 고양이를 빠트렸다고 해서 무슨 특별한 의미가 있는 것은 아니지만, 이 그림을 통해 반 고흐는 자신에게 닥친 불행을 극복하고 새로운 출발을 다짐하고 싶었던 것이라고 할 수 있다. 사정이 이러하니 더더욱 그의 자살 시도에 대한 의구심도 높아지는 것이다.

　그러나 자살이든, 실수이든, 그가 말년을 상처 입은 짐승처럼 고통스럽게 견디다가 세상을 떠났다는 것은 부정하기 어려운 사실이다. 오베르에 머무는 동안, 반 고흐는 자연의 풍경에 젖어서 즐거운 표정을 지으면서 테오에게 아름다운 오베르에 대한 예찬을 늘어놓았다. 그러나 실제로 가보면

반 고흐, 「오베르 교회」, 캔버스에 유채, 94×74cm, 1890, 오르세 미술관

오베르가 그렇게 아름다운 곳이라고 말하기는 어렵다. 오히려 작고 소박한 마을이라고 말하는 것이 더 정확할 것 같다. 「도비니 정원」은 이렇게 애써 밝은 느낌을 필사적으로 유지하려는 반 고흐의 내면을 잘 보여주는 작품이라고 할 수 있겠다. 꽃이 만발한 화가 도비니의 정원은 반 고흐에게 하나의 이상향처럼 보였을 것이다. 그도 도비니처럼 훌륭한 화가로 인정을 받고 싶은 마음이 강렬했을 테지만, 현실의 자신은 그렇지 않았다.

이 그림에서 발견할 수 있는 것은 아를이나 생 레미 시절에 볼 수 있었던 강렬한 색채 대비가 누그러졌다는 점이다. 색채가 훨씬 차분해지고 얌전해졌다는 것을 금방 알 수가 있다. 어떻게 생각하면 반 고흐 특유의 개성이 살아나지 않는다고 볼 수도 있다. 이렇게 그림의 분위기를 놓고 보면, 반 고흐의 자살은 예견된 것처럼 보이기도 한다. 존경하는 화가처럼 그림을 그리겠다는 말은 결국 과거의 그림과 다른 방식의 표현을 시도하겠다는 것이다. 비슷한 시기에 그려진 「오베르 교회」나 「까마귀 나는 밀밭」과 비교해보면, 「도비니 정원」이 얼마나 얌전한 그림인지 알 수 있을 것이다. 그에게 어떤 변화가 시작되고 있었다. 그러나 그 변화는 반 고흐 자신을 포함해서 아무도 알지 못했던 것이다. 「도비니 정원」에 핀 화사한 꽃들은 이렇게 슬픈 반 고흐의 운명을 위해 피어난 위로처럼 보인다.

죽음의 정령이 지켜본다
고갱, 캔버스에 유채, 73×92cm, 1892, 버팔로 올브라이트녹스 갤러리

고갱이 발견한
원시의 ·본·모·습

반 고흐가 세상을 떠났다는 소식을 들었을 때 고갱은 무슨 생각을 했을
까. 물론 지금에 와서 당시 고갱의 반응을 알 수는 없지만, 고갱 역시 반
고흐의 죽음에 대해 일말의 죄책감을 느꼈을지도 모를 일이다. 후일에 그
가 반 고흐와 있었던 그 사건에 대한 이야기를 극도로 아낀 것을 보면 말
이다. 앞서 살펴봤듯이, 그는 반 고흐와 있었던 사건 당일에 대한 진술을
번복하기도 했지 않은가. 반 고흐의 죽음에 대해 그가 무덤덤했을 수 없
다는 증거인 셈이다.

　　시간을 되돌려서 고갱의 마음을 알아낼 수는 없겠지만, 확실한 것
중 하나는 바로 고갱이 두 번 다시 반 고흐를 만나고 싶지 않았을 것이라
는 사실이다. 고갱에게 반 고흐는 감당하기 어려운 성격의 소유자였다. 그
러나 반 고흐는 고갱에 대한 미련을 완전히 버리지 못했다. 고갱에게 보낸

그의 편지들에서 이런 미련의 여운이 여전히 남아 있다는 것을 확인할 수 있다. 1890년 6월 17일경 반 고흐는 고갱에게 편지를 보낸다. "사랑하는 벗 고갱"이라는 호칭으로 시작한 이 편지에서 반 고흐는 자신에게 편지를 써준 고갱에게 감사를 전하면서 "여기에 돌아와 매일 자네를 생각한다"라고 말한다. 물론 '여기'라면 반 고흐가 죽음을 맞게 될 오베르이다. 이 편지를 마지막으로 반 고흐는 고갱에게 더 이상 소식을 전하지 못했다.

반 고흐는 고갱의 스케치에 바탕을 둔 아를의 여인 그림(94~95쪽)을 그렸고, 이 작품을 고갱에게 보내기도 한다. 이 그림은 고갱이 반 고흐와 함께 있을 때 그렸던 지누 부인의 초상을 반 고흐의 해석으로 다시 그린 작품이다. 이 그림을 일러서 반 고흐는 고갱에게 "자네와 나의 작품, 우리가 함께 작업한 세월의 총괄"이라고 정의하면서, 이 그림이 "자네나 나에게 이해될 뿐만 아니라, 우리가 그렇게도 바란 극소수 다른 사람들에게도 이해되리라는 것을 알고 있다"라고 쓴다. 이 표현에서 알 수 있듯이, 반 고흐는 죽기 전까지도 진심으로 가장 먼저 자신의 그림을 이해해줄 예술적 동지로 고갱을 생각했다.

그러나 반 고흐의 소원이 이루어지려면 좀 더 시간이 필요했다. 반 고흐는 그 미래를 기다리기에 너무 쇠약했고, 고갱 역시 마찬가지로 중간 계급과 부르주아의 위선으로 분칠된 프랑스의 문화를 더 이상 견딜 수가 없었다. 반 고흐가 육체적 자살을 선택했던 것과 마찬가지로 고갱도 프랑스를 완전히 떠남으로써 사회적인 자살을 선택했다. 반 고흐가 세상을 떠나고 일 년 후인 1891년 고갱도 홀연 타이티를 찾아 프랑스를 버린다. 고

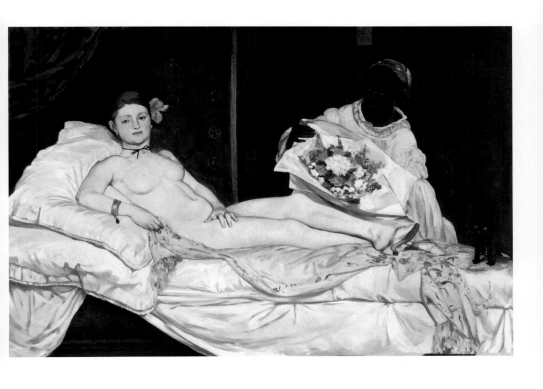

에두아르 마네, 「올랭피아」, 캔버스에 유채, 130.5×190cm, 1863, 오르세 미술관

갱의 이주는 단순하게 현실 공간의 이동만을 의미하지 않았다. 고갱의 타이티행은 인상파가 그토록 혐오했던 프랑스 부르주아 문화에 대한 완벽한 실존적 거부이자 항거였다. 이런 측면에서 고갱은 반 고흐를 다시 만나지 않았지만, 일정하게 반 고흐와 같은 노선을 선택한 것이라고 할 수 있다.

　타이티에 도착해서도 고갱은 유럽인들을 피해서 수도에 거주하지 않고 원시의 자연이 남아 있는 촌락으로 가서 살 정도였다. 그는 서구 문화와 완벽한 단절을 꿈꾸었던 것이다. 타이티에서 1892년에 완성한 「죽음의 정령이 지켜본다」는 고갱의 의지를 명확하게 보여준다. 이 그림에서 고갱은 노골적으로 마네의 「올랭피아」를 패러디하고 있다. 백인 매음녀가 당당하게 앞을 보면서 자세를 잡고 있던 모습은 온데간데없고, 타이티의 원주민 여성이 등을 돌리고 공포에 질린 표정으로 엎드려 있다. 제목에 비추어 짐작하건데, 왼쪽에 검은 망토 같은 것을 두르고 앉아 있는 것이 죽음의 정령일 테다.

　「올랭피아」에서 미처 마네가 발견하지 못했던 '타자'가 이 그림에서는 당당하게 모습을 드러냈다. 확실히 고갱은 반 고흐에 비해 훨씬 더 급진적인 생각을 갖고 있었다. 반 고흐가 이해할 수 없었던 어떤 세계가 「죽음의 정령이 지켜본다」에 구현되어 있다고 볼 수 있다. 그 세계는 타락한 현실 이전에 존재했던 완벽한 원형의 장소이다. 유럽의 바깥을 상상할 수 없었던 반 고흐와 달리 고갱의 세계는 낯선 '타자'의 공간이었다. 마침내 고갱은 그토록 원하던 세계를 발견했던 것일까. 반드시 그렇다고 말하기는 어렵다. 그에게는 타이티 역시 '또 다른 프랑스'에 불과했던 것이다. 파리의

IA ORANA MARIA

고갱, 「이아 오라나 마리아」, 캔버스에 유채, 87.7×137.7cm, 1891, 뉴욕 메트로폴리탄 미술관

고갱, 「타이티의 두 여인」, 캔버스에 유채, 94×72.4cm, 1899, 뉴욕 메트로폴리탄 미술관

부르주아 문화가 싫어서 도피한 곳에서 발견한 것도 파리와 다를 것이 없었다는 사실을 자각했던 고갱의 의식은 오늘날 '세계화'의 전일성을 목도하는 우리에게도 말해주는 것이 많다고 하겠다. 그만큼 고갱은 시대를 앞서 살았던 예술가였던 셈이다.

　고갱과 반 고흐의 만남과 불화는 근본적으로 예술관의 차이에서 기인하는 것이었다고 말할 수 있다. 마침내 타이티에서 모습을 드러낸 고갱의 내면들은 분명 자연과 종교에서 영성을 찾으려고 했던 반 고흐에게 낯선 것들이었다. 반 고흐는 필사적으로 고갱을 이해하려고 했지만, 불가능했다. 그러나 고갱 또한 반 고흐를 이해하기 어려웠을 것이다. 그 이해하기도 이해받기도 어려운 예술에 대한 충동이 '죽음의 정령'이라는 모습으로 고갱의 그림에 숨어 있는 것인지도 모른다. 둘이 함께했던 순간은 비록 짧았지만, 그 시간들이 남겨 놓은 흔적은 마치 반 고흐의 그림에 등장하는 밤의 별들처럼 빛나고 있다.

겨울 오베르쉬르우아즈는 황량했다. 밀밭은 눈으로 덮여 있었고, 반 고흐
가 권총으로 자기 가슴을 쐈다는 곳에 세워져 있는 안내판은 처연했다.
반 고흐의 삶을 둘러싼 비극의 요소가 한군데 모두 모여 있는 것처럼 보
이는 풍경이었다. 그 텅 빈 벌판 한가운데 반 고흐 형제의 무덤이 나란히
놓여 있었다. 왜 하필이면 겨울에 그곳에 찾아간 것일까? 나도 모를 일이
다. 파리에서 제때에 도착하지도 않는 열차를 이리저리 갈아타면서 찬바
람을 뚫고 오베르쉬르우아즈에 찾아간 것은 어쩌면 객기일지 모른다. 그곳
에서 보고 싶었던 것은 반 고흐의 마지막이었다. 이 책을 마무리 짓기 위
해 그의 무덤을 다시 한 번 봐야할 것 같았다. 햇빛은 쨍했고, 누군가 반
고흐가 살았을 때 좋아했던 담배를 비석 위에 올려놓았다. 관광객처럼 그
곳에서 사진을 찍고 눈밭을 걷다가 다시 파리로 돌아왔다. 동네는 적막했

고, 가끔 나처럼 반 고흐의 무덤을 보러왔을 것 같은 일본인 관광객들이 눈인사를 보내며 지나쳐갔다.

반 고흐와 짧은 시간이나마 함께했던 고갱의 삶도 순탄한 것은 아니었다. 타이티로 떠난 고갱은 그곳에서 '야만인'이 되고자 했지만 실패했다. 원주민을 교화해서 기독교인으로 만들고자 했던 프랑스 선교사와 달리, 그는 역으로 타이티의 원시성으로 '전향'하고자 했다. 고갱 역시 반 고흐와 마찬가지로 자살 충동에 시달렸지만, 말년에 타이티에서 낙원을 발견하고자 했다. 그러나 고갱이 만국박람회를 통해 상상해낸 그 이상향은 타이티에 존재하지 않았다. 처음에 총독에게서 성대하게 환영식까지 받으며 타이티에 '입성'했지만, 마침내 그는 원주민의 편에 서서 프랑스 정부의 식민 정책에 대항해서 싸우는 삶을 선택했다.

타이티에서 평온을 찾으려고 했지만 그의 성격상 불가능했다. 경제적 사정이 나아지고 건강도 호전되던 시절이 오자, 고갱은 가만있지 않고 『냉소Le sourie』라는 잡지를 발간하기 시작했다. 제목 그대로 당시 프랑스 식민 정부를 비판하는 내용을 담은 잡지였다. 식민 정부에게 성가신 존재로 낙인찍힌 고갱은 결국 허위로 조작된 탈세 혐의를 받기까지 했다.

반 고흐와 고갱은 근대 문명의 논리와 타협하지 않고 자신의 욕망을 끝까지 추구하고자 했던 화가들이었다. 특이성의 충동이 두 화가의 삶을 지배했다. 이렇게 예측불허의 삶을 살던 반 고흐와 고갱이 구체적인 계획을 세우고 실천에 옮겼던 곳이 아를이었다. 그러나 그 아를은 굳이 남프랑스에 있는 특정한 도시가 아니어도 그만이었다. 반 고흐와 고갱이 공통적으로 꿈꾸었던 낙원은 현실에 존재할 수 없었을지라도 두 화가의 그림에 고스란히 담겨 있기 때문이다. 그 그림을 통해 여전히 우리는 낙원으로 가는 길을 확인할 수 있는 것이다. "고갱이 죽었다. 우리는 길을 잃었다"라고 고갱의 죽음을 통고 받은 타이티의 원주민들은 외쳤다고 한다. 역설적으로 고갱이 일러준 그 길은 갈 곳을 몰라 헤매는 이들 자신의 마음속에 있는 것일지도 모른다. 반 고흐와 고갱은 이 세상에 더 이상 존재하지 않지만, 생전에 남긴 그림은 지도처럼 펼쳐져서 세상과 불화하며 살아갈 수밖에 없는 예술가가 갈 길을 가리키고 있다.

반 고흐와 고갱의 유토피아

인문학자 이택광, 이상을 찾아 떠난 두 화가의 빛과 어둠을 말하다

ⓒ이택광 2014

1판 1쇄 ㅣ 2014년 1월 24일
1판 4쇄 ㅣ 2017년 10월 16일

지 은 이 ㅣ 이택광
펴 낸 이 ㅣ 정민영
책임편집 ㅣ 박주희
편   집 ㅣ 손희경
디 자 인 ㅣ 이현정
마 케 팅 ㅣ 이연실 이숙재 정현민
제 작 처 ㅣ 상지사

펴 낸 곳 ㅣ (주)아트북스
출판등록 ㅣ 2001년 5월 18일 제406-2003-057호
주   소 ㅣ 10881 경기도 파주시 회동길 210
대표전화 ㅣ 031-955-8888
문의전화 ㅣ 031-955-7977(편집부) 031-955-3578(마케팅)
팩   스 ㅣ 031-955-8855
전자우편 ㅣ artbooks21@naver.com
트 위 터 ㅣ @artbooks21
페이스북 ㅣ www.facebook.com/artbooks.pub

ISBN 978-89-6196-159-2 03100

• 값은 뒤표지에 있습니다.
• 잘못된 책은 구입하신 서점에서 교환해 드립니다.
• 이 도서의 국립중앙도서관 출판시도서목록(CIP)은 e-CIP홈페이지(http://www.nl.go.kr/ecip)
  와 국가자료공동목록시스템(http://www.nl.go.kr/kolisnet)에서 이용하실 수 있습니다.
  (CIP제어번호: CIP2014000378)